江西省第十九次社会科学优秀成果奖三等奖

U1008539

产业集群与区域品牌协同演进研究

谌飞龙 著

CHANYE JIQUN YU QUYU PINPAI
XIETONG YANJIN YANJIU

企业管理出版社
ENTERPRISE MANAGEMENT PUBLISHING HOUSE

图书在版编目（CIP）数据

产业集群与区域品牌协同演进研究／谌飞龙著．—北京：企业管理出版社，2021.9

ISBN 978-7-5164-2461-2

Ⅰ．①产…　Ⅱ．①谌…　Ⅲ．①产业集群—关系—区域经济—品牌战略—研究　Ⅳ．①F263②F272

中国版本图书馆 CIP 数据核字（2021）第 166299 号

书　　名：产业集群与区域品牌协同演进研究
作　　者：谌飞龙
责任编辑：刘一玲　宋可力
书　　号：ISBN 978-7-5164-2461-2
出版发行：企业管理出版社
地　　址：北京市海淀区紫竹院南路 17 号　　**邮　编：**100048
网　　址：http://www.emph.cn
电　　话：编辑部（010）68701322　发行部（010）68414644
电子信箱：liuyiling0434@163.com
印　　刷：北京虎彩文化传播有限公司
经　　销：新华书店
规　　格：710 毫米×1000 毫米　16 开本　13.5 印张　190 千字
版　　次：2021 年 9 月第 1 版　　2021 年 9 月第 1 次印刷
定　　价：65.00 元

版权所有　翻印必究·印装有误　负责调换

前　言

本书是江西省高校人文社科重点研究基地项目（JD1557）、江西省博士后科研择优资助项目（2016KY54）、江西财经大学法治江西建设协同创新中心招标课题、江西财经大学协同创新中心智库项目等研究成果。

产业集群是常见的经济地理现象，已成为区域经济发展的重要支撑，区域品牌是产业集群发展到高级阶段的重要表征，两者相辅相成，相互促进。产业集群的规模与实力是区域品牌创建、发展的重要条件与基础，区域品牌是产业集群转型升级的重要驱动力。

我国各级政府高度重视产业集群区域品牌建设。为进一步推动产业集群区域品牌建设，加快培育知名度高、美誉度好、竞争力强、附加值高的区域品牌，工业和信息化部连续出台了《关于开展产业集群区域品牌建设试点示范工作的通知》（工信部科函〔2014〕102号）、《关于开展产业集群区域品牌建设总结评价工作的通知》（工信厅科函〔2018〕283号）等相关文件，决定通过试点先行、示范引领，发挥政府、行业、专业机构和广大企业主体的合力作用，统筹策划组织、协调政策资源、部署品牌建设，树立一批取得经验和成果的区域品牌建设示范区，发挥示范带动效应。农业农村部为建设农产品区域公用品牌，也推出了一系列政策措施。农业农村部把2017年确定为“农业品牌推进年”；2018年印发了《关于加快推进品牌强农的意见》（农市发〔2018〕3号）；2019年发布《中国农业品牌目录制度实施办法》《中国农产品区域公用品牌建设指南》，旨在大力发展农业产业集群，推动构建现代农业品牌管理体系，引导和规范农业品牌建设（见附录）。

区域品牌建设是一个从内到外的过程，内为区域产品质量建设，外为区域形象传播。建设过程是一项系统工程，应该充分发挥各方作用，明确区域品牌推广的组织模式，建立专责的区域品牌推广部门。产业集群区域品牌的塑造，首先，要选择有优势的特色产业、产业集群，并扶植支柱企业；其次，要能科学策划，巧妙宣传区域品牌形象；再次，区域品牌在市场上拥有一定的知名度、认知度后，要做好区域品牌的维护与风险防范工作。

产业集群区域品牌作为一种特殊的公共产品，其治理主体具有多元化、多层级等特点，治理机制日益呈现出显著的生态性、社会性。在区域品牌发展的不同阶段，其治理模式会有所差异，政府、协会、企业等组织发挥的作用各有不同，各主体要能恰当进退；对于不同的发展状态，区域品牌治理者要能灵活运用准入、奖惩、监督、信任和竞合等机制。

产业集群区域品牌是一个非线性系统，在竞争演化过程中表现出明显的混沌特征。产业集群及其区域品牌演化机制由“竞争—（随机性）分岔—混沌”调整为“竞合—（选择性）分岔—协同”，这是区域品牌走向科学发展的有效办法。区域品牌建设可推动产业集群升级，并产生持久的推动力。在区域产品营销中，区域品牌知名度高可以提高顾客的忠诚度，增加企业利润，完善集群内的产业链，从而提高产业集群的整体实力。在产品趋同、供给量极大的竞争时代，区域品牌是区域经济发展的生命线，是促进区域产业集群升级的必要选择。

企业品牌是区域品牌的“根基”，反过来，区域品牌作用的发挥对企业品牌的成长能产生有益贡献，主要表现为可为企业品牌背书，促进产品销售；规范企业行为，帮助企业品牌提升；展现专家形象，为企业产品追加优势等。企业品牌与区域品牌相互促进，有助于产业集群的健康发展。然而，在现实经济中出现了多产地企业参与区域品牌建设的积极性不强等问题，这一问题值得深入探究，并提出规避措施，以推动产业集群区域品牌的长远发展。

笔者在产业集群与区域品牌领域主持完成过多项教育部人文社会科学研究项目、江西省高校人文社会科学研究项目等课题，发表过多篇相关学术论文，形成了一定的学术积累。

本书获得了江西财经大学协同创新中心和法治江西建设协同创新中心的出版资助，在此表示衷心的感谢！

由于本人研究能力和知识水平有限，书中可能存在不当与不足之处，还望读者批评指正。

谌飞龙

2020年11月

目　录

第一章　绪　论

一、产业集群已成为区域经济发展的重要引擎

产业集群是非常普遍的经济地理现象，已经成为百强县市的重要支撑。县域经济是中国经济中基本层次的行政区域经济，是国民经济的基本单元。中国百强县（市）榜单是以县、县级市与旗为主的县级行政区域（包括部分市辖区）的综合评价。

（一）百强县市的评价指标

国内曾有多家机构组织过评价“百强县市”，其中历史上影响较大的是国家统计局组织的评估。从2000年开始，国家统计局农调总队每年根据对全国2000多个县的社会经济统计资料，从发展水平、发展活力、发展潜力三个方面对县域社会经济综合发展指数进行测算，以客观评估县域社会经济发展状况，更为科学地描述县域的发展轨迹。根据测算和统计结果，每年公布综合发展指数前100位县及重要单项指标前100位的县（俗称“全国百强县”）。全国县域社会经济综合发展指数测评采用33个指标，从发展水平、发展活力、发展潜力三个方面衡量县域社会经济综合发展情况。这些指标广泛涉及了综合经济、产业发展、投资贸易、基础设施、人民生活、社会保障、发展资源等各个方面。有总量指标，也有平均指标和结构性指标；有静态指标，也有动态的速度性指标；有反映当前发展情况的指标，也有反映可持续发展能力的指标。各单项指标指数计入分项指数的权重由主成分分析法客观确定，其中，人均指标、静态指标和反映当前发展情况的指标所占权重较大。发展水平分项指数按50%权重计入综合指数。发展活力分项指数和发展潜力分项指数与发展水平指数几何加权后，分别按30%和20%的

权重计入综合指数。列入测算范围的主要是县和县级市，也有部分财政收支和市政建设相对独立，并且能提供完整社会经济统计资料的区。不过，国家统计局在 2007 年正式宣布终止发布全国县域社会经济综合发展指数。

民办社会组织“北京中郡县域经济研究所”于 2001 年开始发布《全国县域经济基本竞争力评价报告》，以后每年公布一次评价报告，报告内容从最初的全国县域经济十强县发展成“县域经济百强”（“县域经济百强”是中郡研究所在监测评价中首创使用专业术语）。该榜单的第一届到第五届，由中郡研究所联合《经济日报》共同发布；第六届开始由中郡研究所独立发布，其评价结果从第二届（2002 年）公布在中国县域经济网和《中国县域经济年鉴》中。2019 年 12 月，发布了《2019 县域经济与县域发展监测评价报告》，这是该机构的第十九次县域经济百强排行报告。

2016 年，工业和信息化部中国电子信息产业发展研究院（赛迪集团）首次加入中国百强县市评选的队伍中。“赛迪百强榜——县域经济 100 强”，从经济实力、增长潜力、富裕程度、绿色发展四个方面筛选出 12 项指标，对年度内县域经济体的发展情况进行了综合评估。由于赛迪集团具有工业和信息化部等官方政府背景，赛迪县域经济百强获得了社会各界的高度关注。评价指标体系坚持稳中求进的总基调，聚焦高质量发展，坚持以人民为中心的发展思想，体现新发展理念，从经济实力、增长潜力、富裕程度、绿色发展四个方面对全国县域经济发展进行评价，其中，一级指标 4 个、二级指标 8 个、三级指标 22 个（见表 1-1）。

表 1-1　县域经济高质量发展评价指标体系（赛迪顾问）

一级指标	二级指标	具体指标
经济实力	经济规模	地区生产总值
		规模以上工业增加值
		一般公共预算收入
		进出口总额
	发展水平	人均 GDP
		地均 GDP
		第三产业增加值占 GDP 比重
		一般公共预算收入占 GDP 比重
增长潜力	投资强度	近三年平均固定资产投资额
		近三年平均工业投资额
		金融机构本外币各项存款余额
	创新活力	新增专利授权量
		研发投入占比
		新增企业数量比例
富裕程度	收入水平	居民人均可支配收入
		人均存款余额
	消费水平	人均社会消费品零售额
		居民人均可支配收入占人均 GDP 比重
绿色水平	宜居程度	空气质量优良天数比例
		建成区绿化覆盖率
	节能环保	许可排污企业数量
		万元 GDP 能耗

资料来源：赛迪顾问县域经济研究中心。

（二）百强县市及其产业集群分布

赛迪顾问根据该机构研制的县域经济高质量发展评价指标体系，在确定了“地区生产总值大于400亿元，一般公共预算收入大于20亿元”两大数据入库门槛的基础上，于2019年7月发布了《2019年赛迪县域经济百强研究》及“县域经济100强（2019年）榜单”。从赛迪顾问发布的2019年中国百强县排行榜分布特点来看，百强县仍呈现出区域不均，东部地区占71席、中部地区占19席、西部地区占7席、东北地区占3席。强省强县是百强县格局的另一个特点，在百强县前10名中，江苏省占6席，并包揽前4位；江苏、浙江、山东三省在百强县总数中，分别占26席、19席和18席（见表1-2）。

表1-2　2019年中国百强县排行榜（赛迪版）

排名	县（市、旗）	所属省市区	产业集群
1	昆山市	江苏省	光电、半导体、小核酸及生物医药、智能制造等千亿级产业集群
2	江阴市	江苏省	电子信息、新能源、新材料、车船及高端装备、生物医药及器械等
3	张家港市	江苏省	冶金、纺织、化工、机电、粮油食品“五大支柱产业”，以及新材料、新能源、高端装备制造等战略性新兴产业
4	常熟市	江苏省	汽车产业基地、装备制造产业、纺织服装产业及新能源、新材料、新一代信息技术、生物医药及高端医疗器械、节能环保等新兴产业
5	晋江市	福建省	高端装备、动力电池、稀土石墨烯新材料、建材、纺织服装、制鞋、农副产品精深加工、休闲食品等
6	长沙县	湖南省	工程机械、汽车及零部件和电子信息三大主导产业，以及医药健康、大数据、茶产业、会议、民宿等
7	慈溪市	浙江省	以家用电器、机械基础件、汽车零部件为代表的传统产业，以智能装备、新材料、生命健康为代表的新兴产业，形成“3+3”产业体系
8	宜兴市	江苏省	线缆、环保等优势产业，集成电路、物联网、先进制造业、智能电网、集成电路、高端线缆、智能装备、光电子投影显示、节能环保、新能源、新材料、通用航空等新兴产业
9	太仓市	江苏省	高端装备、功能材料、绿色能源、健康诊疗四大新兴产业，电力能源、轻工造纸、石油化工三大骨干产业
10	龙口市	山东省	高端铝材料产业、汽车及汽车零部件产业、港口及临港产业、轻工制品、战略性新兴产业以及现代服务业六大主导产业，以及新一代信息技术、生物技术与大健康、新能源、新材料、节能环保、高端装备制造等新兴产业

续表

排名	县（市、旗）	所属省市区	产业集群
11	义乌市	浙江省	纺织、饰品、拉链、化妆品、工艺品等传统产业，电商产业、智能制造、光电、半导体、信息技术、LED 等新兴产业
12	胶州市	山东省	智能家居、电力装备、“互联网+物流”三个主导产业，以及智能制造装备、智能家居、新一代信息技术、新材料、新能源和交通装备、医养健康组成的十大产业
13	荣成市	山东省	高端装备、现代海洋、医学健康、高端化工、新一代信息技术、新能源新材料、现代高效农业、精品旅游、汽车及零部件、冷链物流、电子商务等
14	浏阳市	湖南省	显示功能器件、碳基材料、大健康，汽车及零配件、新能源汽车、再制造、智能装备、烟花爆竹、花炮机械及原辅材料等
15	海门市	江苏省	现代建筑、现代家纺、先进装备制造三大主导产业，以及邮轮装备产业、半导体产业、工业机器人、生物医药等未来产业
16	乐清市	浙江省	电气主导产业，物联网传感器、智能高端装备等高新产业和临港产业
17	余姚市	浙江省	智能光电、智能家电和核心部件、智能汽车及关键零部件、机器人智能装备、智能软件与服务产业、数字文化创意产业六大产业
18	福清市	福建省	化工新材料、纺织、玻璃、医药、电力能源、食品加工、塑胶管材、电子信息等
19	丹阳市	江苏省	汽车及零部件、五金工具、眼镜、木业、家纺五大传统特色产业，生物医药及医疗器械、新材料、农机装备、先进轨道交通装备、航空航天装备五大新兴产业
20	宁乡市	湖南省	食品加工、储能材料、智能家居及装配式建筑、先进装备、新材料、孕婴童服及时尚鞋等
21	诸暨市	浙江省	袜业、珍珠业、铜加工材料及制品产业、纺织服装产业、节能环保装备产业、高端装备产业六大传统产业
22	如皋市	江苏省	智能装备制造、新能源汽车及汽车零部件、高端新材料等制造业产业，生物医药、氢能等产业
23	海宁市	浙江省	皮革、经编、家纺三大传统产业，泛半导体、高端装备制造、航空、生命健康、高新技术、数字经济等
24	温岭市	浙江省	汽摩配件、机床工具、鞋帽服饰等传统产业，泵与电机、激光等产业

续表

排名	县（市、旗）	所属省市区	产业集群
25	石狮市	福建省	纺织鞋服、现代海洋渔业、海洋生物医药业、海洋装备制造业等传统产业，电子商务、现代物流，电力能源、电子信息、食品饮料、包装印刷纸业、石油化工等特色产业
26	泰兴市	江苏省	精细化学品、装备制造、绿色智能装配式建筑、汽车关键零部件、新一代智能交通装备、临港物流，新能源、新材料、生物健康科技、现代装备制造、乐器等产业
27	启东市	江苏省	海工及重装备、生命健康科技两大主导产业，新能源、新材料、电子信息及半导体、精密机械等特色产业
28	南安市	福建省	石材、水暖、新兴机械制造三大主导产业，泛家居、港航、电子信息、再生资源等产业
29	迁安市	河北省	钢材、现代装备制造等传统产业，生物医药、新材料、节能环保等优势产业
30	靖江市	江苏省	船舶海工、汽车配套、空调暖通、电机电器等主导产业，粮食业、高端装备制造、现代临港物流、大健康、航空制造等产业
31	瑞安市	浙江省	汽摩配件、机械电子、高分子合成材料、时尚轻工四大主导产业，以及新能源汽车、数字经济、新材料、工业机器人四大新兴产业
32	准格尔旗	内蒙古自治区	煤炭、煤化工、煤电铝、陶瓷、人造石英晶体等产业
33	广饶县	山东省	石化、橡胶轮胎、机电汽配等主导产业，新材料、生物医药、海洋装备制造等新兴产业
34	滕州市	山东省	机械机床、煤化工及精细化工、玻璃深加工、食品加工、纺织服装、家居装饰、汽车配套、不锈钢制品、生物医药、现代高效农业
35	莱西市	山东省	食品加工、纺织服装、橡胶化工、机械制造四大主导产业，以及新材料、新能源、节能环保、生物医药、信息技术五大新兴产业
36	海安市	江苏省	时尚锦纶、现代纺织、机器人及智能制造、电子信息等高端产业，火炬电梯设备、建材机械、锻压设备、磁性材料四大特色产业
37	寿光市	山东省	化工、防水等传统产业，生物基新材料、生物医药、新能源、清洁煤电、新型防水材料、橡胶新材料、木制品、石油装备等新兴产业

续表

排名	县（市、旗）	所属省市区	产业集群
38	桐乡市	浙江省	数字经济、高端装备制造、前沿新材料三大特色产业，前沿材料、时尚产业、装备制造、智能汽车、文旅
39	招远市	山东省	黄金产业、汽车制造服务业、豌豆蛋白产业等主导产业，先进结构材料和生物医药、苹果产业
40	新郑市	河南省	商贸物流业、食品加工业、生物医药业为三大主导产业，富士康配套产业、高端制造业和传统制造业三大副产业
41	诸城市	山东省	现代食品加工、汽车、智能制造、服装纺织三大主导产业，生物医药、新材料、高端化工、医养健康等
42	平度市	山东省	机械配件、电子家电、食品加工、特色化工工业领域四大产业，装备制造、新能源、新材料、商贸物流、高端纺织、智能制造、生物医药等产业
43	莱州市	山东省	黄金、机械制造、石材、化工、电力能源五大传统产业，高端装备、电子电器、新材料、节能环保、新能源汽车配套五大特色产业
44	如东县	江苏省	生命安防、海上风电、高分子新材料三大特色产业，生命健康、新一代信息技术、食品等产业
45	邹城市	山东省	先进制造业为主攻，高端绿色化工、新材料、健康医药、智能装备制造、新能源新材料、文旅产业
46	邳州市	江苏省	半导体材料和设备、碳基新材料、非晶电力三大主导产业，循环经济、机械制造产业
47	溧阳市	江苏省	高端装备制造、生命健康（休闲食品）、新材料、智能电网、汽车零部件、绿色建筑、锂电池
48	东台市	江苏省	电子信息、装备制造、新材料三大主导产业，新能源、文创、大旅游等产业
49	仁怀市	贵州省	以白酒酿造为主导产业，以粮食仓储、白酒收储、包装印务、酒类销售、康体养生、现代物流为主要产业
50	南昌县	江西省	数字经济（5G、VR/AR、云计算、大数据），汽车及零部件、建筑、物流、食品饮料、生物医药、电子信息、文化创意、生产性服务业
51	新泰市	山东省	煤电一体化、输变电设备、矿山设备制造和再制造、汽车制造、起重机械、新型包材、生物医药、光电科技
52	肥城市	山东省	特种钢铁、装配式建安、新能源、新材料、高端化工、现代制造、现代物流、文化旅游、有机农业的“八大产业”
53	平湖市	浙江省	先进装备制造业、新材料的两大主导产业，电子信息、节能环保、服装、箱包等提升产业

续表

排名	县(市、旗)	所属省市区	产业集群
54	三河市	河北省	电子信息、装备制造、大健康和绿色食品为主导产业，以及印刷产业
55	伊金霍洛旗	内蒙古自治区	能源产业（煤炭、煤基清洁能源、天然气）、装备制造业、新材料、新能源
56	神木市	陕西省	煤炭，能化，光伏、风电等新兴产业，塑料制品、化纤纺织、成套装备等化工终端产品及下游加工产业
57	巩义市	河南省	铝及铝加工、耐材、装备制造三大主导产业，电线电缆、净水剂传统产业，新材料、新能源、大数据等新兴产业
58	玉环市	浙江省	汽摩配件、水暖阀门、家具、眼镜配件、药械包装、机床、机械工程等特色产业，机械装备、海洋生化、新能源等新兴产业
59	肥西县	安徽省	汽车及零部件、高端家电及配件等优势产业，新一代信息技术、智能装备、生物医药、新材料等新兴产业，都市农业
60	长兴县	浙江省	新能源、现代纺织、机械汽配、白色家电、耐火、水泥、电力热力、电子电容、精细化工、生物医药
61	兴化市	江苏省	汽车齿轮、新型装饰材料、鞋服防护用品三大优势产业，健康食品、电子产品等产业
62	荥阳市	河南省	电子信息、汽车及装备制造、现代金融商贸物流、文化创意旅游、都市生态农业“五大战略产业”，健康、轨道交通装备、橡胶、新材料等产业
63	嘉善县	浙江省	集成电路和智能传感、生物医药和医疗器械、高端装备制造等优势产业，集成电路、氢能源
64	扬中市	江苏省	智能电气、新能源、装备制造三大主导产业，高新技术等产业
65	仪征市	江苏省	汽车及零部件、石油化工、船舶制造等传统产业，节能环保、现代信息技术、新材料等新兴产业
66	沛县	江苏省	光伏光电、绿色建筑、绿色食品、高端装备制造
67	青州市	山东省	光伏光电、纺织新材料、轻量化新型铝材、高端装备制造、绿色建筑、绿色食品六大主导产业
68	东阳市	浙江省	影视、木雕红木、建筑、磁性材料、纺织、工艺美术、食品加工、新材料新能源、节能环保、装备制造等
69	闽侯县	福建省	汽车、机电、建材、工艺品、电子、轻纺、高新技术
70	新密市	河南省	新材料（新型耐材）、家居和品牌服装，装备制造、节能环保、绿色造纸、电力能源、生物医药、文化旅游、商贸物流、现代农业

续表

排名	县（市、旗）	所属省市区	产业集群
71	乳山市	山东省	装备制造、食品加工、纺织服装产业以及新能源、大数据与人工智能、大健康六大产业
72	永城市	河南省	煤化工、煤电铝、机械装备制造、新能源、矿产、面粉
73	瓦房店市	辽宁省	提升轴承、食品加工的传统产业，新能源、节能环保、汽车零部件等新兴产业
74	大冶市	湖北省	食品饮料、生物医药、芳香化妆品、农产品精深加工的生命健康产业，汽车及零部件、换热器、精密制的智能装备制造产业，钢铁、铝型材、水泥建材、电池新材料、非金属材料产业，电子信息产业、节能环保产业、纺织服装产业
75	宁海县	浙江省	汽车部件、新型建材家居、模具、文具、新能源、生物医药、家用电器、数控机械八大产业
76	苍南县	浙江省	塑料制品、印刷包装、纺织服装、纸制品业、仪器仪表、食品加工等传统产业
77	邹平县	山东省	再生铝、新材料、高端装备制造、纺织服装、粮食
78	宜都市	湖北省	化工、医药、建材、能源、电子及电子材料、食品加工、纺织、装备制造
79	惠东县	广东省	清洁能源、高端装备制造、旅游、制鞋、商贸物流
80	蓬莱市	山东省	旅游、葡萄与葡萄酒、汽车及零部件、绿色建筑、风电装备、生物医药、新材料
81	仙桃市	湖北省	非织造布、食品、汽车零部件等传统产业，电子信息、新能源、新材料、生物等新兴产业
82	海盐县	浙江省	印染、电子元器件、电子信息、集成家居、电气机械制造、紧固件、核电关联、金属制品
83	高密市	山东省	纺织服装、机械装备、安全防护、化工建材、食品加工五大传统产业，生物医药、节能环保等新兴产业
84	沭阳县	江苏省	机电装备、家居制造、纺织服装、花木、高新电池、金属加工、机械电子
85	新沂市	江苏省	精细化工、绿色食品、纺织服装、机械冶金、金属压延等传统产业，新医药、新材料、新能源等新兴产业
86	射阳县	江苏省	新能源、电子信息、健康产业等主导产业，航空、新材料、高端纺织、探伤机械、汽车零配件等特色产业
87	海城市	辽宁省	菱镁、滑石、钢铁深加工、装备制造、精细化工、纺织服装箱包、新能源汽车零部件、新材料

续表

排名	县(市、旗)	所属省市区	产业集群
88	永康市	浙江省	五金（电动工具）、衡器、有色金属、小家电及厨具、不锈钢制品、防盗门、休闲运动车、汽摩配件八大产业
89	句容市	江苏省	新能源、新材料、智能电网、绿色建材、半导体、集成电路、装备制造、商贸物流
90	潜江市	湖北省	石油化工、高端装备制造、纺织服装、大健康、家具制造、生物医药、光信息电子、新能源新材料、虾稻、食品
91	醴陵市	湖南省	陶瓷、花炮为主导产业，服饰、造纸、防水建材、玻璃、汽车零配件、服饰、电子信息、新材料
92	庄河市	辽宁省	清洁能源装备制造、家具制造、食品加工等优势产业，新能源、静脉等新兴产业
93	济源市	河南省	有色金属、高端装备制造、食品饮料的主导产业，纳米材料、电子信息、节能环保、生物医药的新兴产业
94	登封市	河南省	炭素、磨料、电解铝、特种水泥、新能源、新材料、家居、汽车零部件、装备制造、生物医药
95	盘州市	贵州省	纺织、农产品加工、新材料、新型能源化工、旅游装备、现代物流、物联网七大产业
96	枣阳市	湖北省	汽车及零部件、食品精深加工、新能源、新材料等主导产业，高端装备制造、卫生用品、模具、纺织服装等产业
97	库尔勒市	新疆维吾尔自治区	石油天然气、矿产、特色农产品和棉花、香梨等产业
98	高邮市	江苏省	机械装备、电线电缆、照明灯具和纺织服装四大基本产业，新能源、生物科技、汽车零部件和电子信息制造业四大新兴产业
99	汝州市	河南省	能源化工、装备制造、食品医药等优势产业，电子信息、金融服务、生物医药、新能源汽车等战略新兴产业
100	昌吉市	新疆维吾尔自治区	现代装备制造、农副产品精深加工、新材料等主导产业，石油石化、煤炭、煤电、煤化工、硅基、新能源、生物医药、信息技术、纺织服装、电子产品组装、鞋帽

资料来源：100强排行榜来自工信部赛迪顾问县域经济研究中心编制的《2019赛迪县域经济百强研究》；产业集群方面的信息由作者根据各县市官网公布的年度《政府工作报告》、产业发展规划和主要领导讲话整理而成。

众多的产业集群构成了色彩斑斓块状明显的“经济马赛克”，全球大部分的财富都是在这些块状区域里创造出来的。根据数据统计结果和具体案例分析，赛迪顾问县域研究中心总结出百强县市的五大特征：在发展规模方面，百强县规模实力突出，30县进入千亿级方阵；在发展贡献方面，百强县贡献了约25%的县域GDP和10%的全国GDP；在发展水平方面，百强县居民生活水平远高于全国平均水平；在发展动力方面，百强县中前30强的进出口贸易总额、社会消费品零售总额和固定资产投资增速，除个别指标略低于广东外，均高于同期其他重点省份和全国平均水平；发展潜力方面，百强县区位优势突显、产业结构良好，第二、第三产业年增速均高于同期的重点省份和全国平均值。同时我们还可以发现，百强县市的经济实力、社会贡献、发展动力等很大程度上区域内特色产业集群，如全国百强县之首的苏州昆山，近年来围绕“强芯亮屏”精准发力，瞄准自主可控，重点打造光电、半导体、小核酸及生物医药、智能制造四大千亿元产值规模的高端产业集群，助推经济高质量发展；还有地处西部的新疆维吾尔自治区昌吉市加快产业集群发展，注重产业链延伸和整合，在大力发展现代装备制造、农副产品精深加工、新材料等主导产业（号称“三朵金花”）的基础上，形成了1个500亿元、1个200亿元和2个100亿元的产业集群，以及若干个有发展潜力的新型产业集群。

产业集群已成为区域经济发展的重要引擎。产业集群作为一种新的产业发展模式，能够增强区域竞争能力，促进生产力的真正跃升，增强区域经济发展的持续动力。通过产业集群的集聚，形成完善的产业链，从生产的上游到中游，再到下游，形成一套完整的体系。它们围绕特定的产业生产，比较方便地找到自己所需要的原料和中间产品，或找到自己的买家，并保持较低的交易成本。群体中的龙头企业、品牌企业不断将一些特定的生产工艺分离出来，形成一批配套企业，而一些生产同类产品的中小企业也走向专业化，这样又可以降低生产成本。同时，产业集群所形成的规模经济性，使这些服务业或配套设施具备了经济上的合理性。

二、区域品牌是产业集群发展到高级阶段的重要表征

（一）区域品牌的经济效用

百强县市的成功实践也证明，发展特色经济是壮大县域经济的成功之道。特色经济多是“块状”“集群”型经济，实行区域化布局、专业化生产，人们称之“一县一业”“一乡一产”“一村一品”，带有鲜明的比较优势和区域特色。因此，发展县域特色经济要结合本地资源状况、交通区位、产业结构、科技水平等综合因素，在全国、全球经济发展新格局中，打造自己的特色，扩张自己的优势，建立自己经济发展的“坐标系”，大力培植特色产业集群。产业集群已成为发展地方经济的新药方，而集群区域品牌是产业集群发展到高级阶段的重大表征。集群区域品牌，是指在某个行政地理区域范围内由具有相当规模和较强生产能力及影响力的产业产品，而形成的以生产地址和优势产业合作命名的特定名称，如“瓷都——景德镇”等，它是包括集体名称、集体商标、地理标志和原产地标记保护等多种形式在内的综合体系。

区域品牌受集群效应和品牌效应的综合作用，具有多重功能（见图 1-1）：一是有资源、资金、人才等生产要素集聚功能。能够吸引相关产业的配套企业，即供应商、中介服务机构、专业技术人才在区域内聚集，从而提高企业的专业化程度和协作水平，增强企业能力；降低企业的交易成本；推动专业化市场的形成；提升企业乃至集群整体的创新能力，最终会促进区域经济发展，提升区域竞争力水平。二是有助于区域内企业产品销售的促销功能。由于区域品牌具有共享性特征及品牌的导向、扩散效应，“区域品牌”树立以后，必然会引来全国乃至全球的采购商蜂拥而至，大批量选购产品；同时，也为消费者选用商品起导向作用。如“日本制造”“瑞士制造”等已成为高性能、高质量商品的象征，成为区域内产品畅销的通行证。

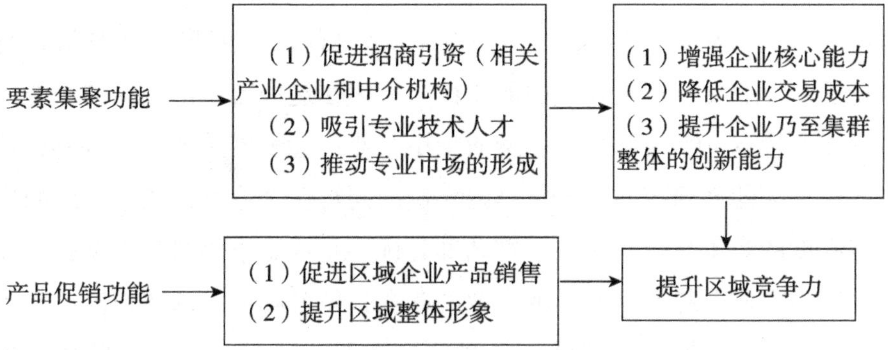

图 1-1 区域品牌功能效用

因此，欠发达地区为寻求经济社会发展，必须依托区域特色产业、特色人文，开发地方资源，挖掘历史文化秉赋，遵循科学、合理、务实原则规划、发展特色产业集群，培育区域品牌。然而，发展县域经济不能走那种依靠自发发展、重规模发展的产业集群形成与壮大的老路，必须创新方法、高起点、高标准规划产业集群，振兴县域经济。换言之，从某种程度上说，利用集群区域品牌来牵引县域特色经济发展，是发展以产业集群为主体的县域经济的必由之路。

（二）区域品牌的形成基础

产业集群是指在某一特定区域中，大量产业联系密切的企业及相关支撑机构按照一定的经济联系在空间上集聚，并形成持续竞争优势的现象（Porter，1998）。这一概念得到学界、政界、企业界普遍认可。这一概念表明，在产业集群中，至少存在一个特定的主导产业；这一特定产业联系着众多关联企业和机构；众多关联企业和机构聚集在某一特定的区域内。

该概念也反映出产业集群两个重要特性：产业特性和区域特性。综合而言，产业集群的重要特性体现在“特”上，联系起来即为特定的产业聚集在特定的区域。“特色是品牌的生命”，没有特色就不会形成品牌，产业集群的这两个特性为其最终发展到区域品牌阶段提供了最基本条件。

产业集群具有“区域化布局、专业化经营、市场化联动、社会化协作”等基本特征，其中区域化布局（也称区域性聚集）是其最外显性特征，专业化经营是最本质的特征。聚集在这一特定区域内的企业一般有4个特点：①大都是专业型的中小企业；②生产品种花色各异，存在产业关联的系列产品；③集群内大量的同行业企业和相关企业之间发生着高度的竞争与合作关系，推动部分优势企业走争创名牌之路；④一定区域内大量名牌产品和名牌企业的存在，使名牌产品的产地渐成品牌区域，其品牌属性趋于区域化，产品（产业）品牌成为一个整体性的品牌。

随着产业集群的纵深发展及横向扩大，体现集群区域属性的产品、服务和形象差异化程度表现明显，已经可以将特定产业所在区域与它自身的名称开始等同，或者“以地区作为一个品牌的特定名称”，使该区域同其他区域区别开来，如“中国瓷都——景德镇”“中国鞋都——温州”等。区域品牌的出现表明产业集群已发展到一个高级阶段。

（三）区域品牌的形成条件

正如前述，产业集群的两个重要特性：产业特性和区域特性，为其最终发展到区域品牌阶段提供了最基本条件。一方面，产业集群中的产业优势是区域品牌的形成基石。产业优势主要通过产品优势和品牌企业优势来体现，产品优势反映在区域产品的质量、品种、规格、价格和技术含量等上，如“红蜻蜓”“康奈”和“奥康”等名牌产品使温州号称“中国鞋都”；区域内那些已经具备了一定规模、实力和品牌的企业以自身品牌影响力增强了区域品牌的效应，如正泰、德力西、长城等低压电器行业领袖型企业的聚集使温州柳市镇成为“中国低压电器之都”。另一方面，区域内良好的商业环境也是构成区域品牌的基础性条件。区域的商业环境包括硬环境和软环境，硬环境是指能为商品交易提供便利的场所和交通、通信等基础设施，如浙江义乌“中国小商品城”，云集了2万多个商品品种，已成为我国最大的工艺品、玩具专业市场，同时义乌境内拥有的发达陆路交通和多条国内国际航线，为义乌打造国际性商业平台和“中国小商品城”品牌奠定了基础；软环境包括讲合作、重信誉的商业文化氛围，竞争公平的市场秩序和政府、商会、行业协会、企业等组织创品牌的强烈意愿等，温州“中国鞋都”称号的获得，与温州市政府提出“质量立市”的目标，商会、各行业协会维持公平竞争的市场秩序，与企业自觉抓质量创品牌的努力是分不开的（见图 1-2）。

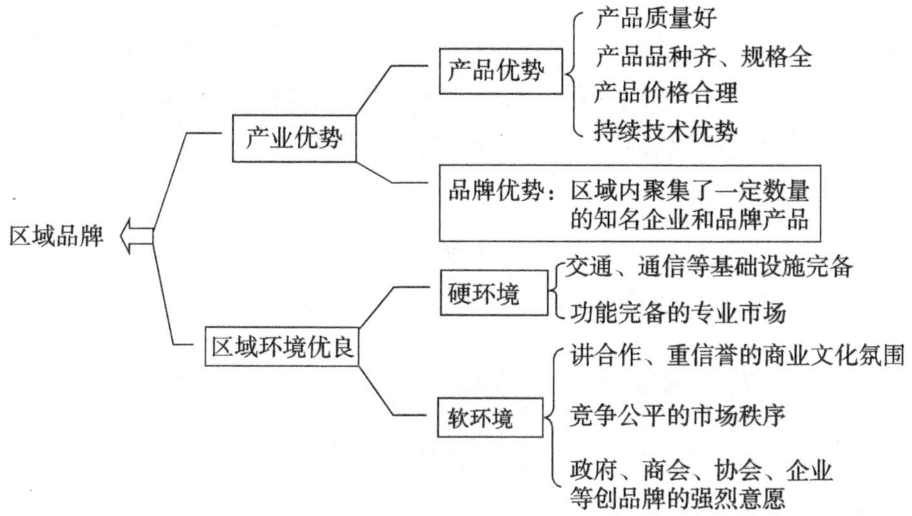

图 1-2　区域品牌的形成条件

（四）区域品牌的构成要素

产业集群区域品牌是区域经济、产业集群和品牌营销等行为活动的复合。它有三个要素：①区域特性；②品牌内涵；③产业基础。

第一，产业区域是区域品牌的重要组成要素。区域本质上是一种行政和地理的概念，一般带有很强的地域特色，如地理特征、资源优势或人文历史渊源、自然风貌等；产业集群联系着的特定区域一般是县域，在经济发达地区已细化到乡镇域。

第二，品牌内涵是构成区域品牌的基本要素。一个成功的品牌代表着一种特定的产品属性、利益、价值观念、个性、文化、顾客群体等；

区域品牌也是如此，它是某地域的企业品牌、产业品牌集体行为的综合体现，拥有品牌的一般内涵。

第三，产业基础（也称产业实力）构成了区域品牌的基本内容。区域内特定产业、产品所具有的生产规模，市场覆盖面、技术和质量水平，产业内部分工合作程度等，其所体现的实力水平与区域品牌的影响力呈同向关系。

对目前已形成的区域品牌进行研究，可以发现以下问题：①从品牌与区域关系的逻辑推断表明，归属于某一区域分工形态的品牌特质往往被这一区域特征所不断强化、熏染，这种品牌属性亦会反过来强化该区域特性，二者相辅相成。②从产业集群的聚集性和品牌的关系看，产业集群内众多的企业存在为品牌创造了条件，由于品牌效应反过来又吸引了大量的专业化供应商和专业人才到集群区域内聚集，二者相互促进。这些研究结果为我们进一步打造区域品牌提供了思路。

三、区域品牌反哺产业集群与区域经济

特色产业集群的存在为区域品牌的创立成为可能，反过来，区域品牌的发展壮大又成为区域特色经济持续发展的引擎，两者互为影响，相辅相成，其中，以区域特色经济振兴为目的，产业集群区域品牌建设为手段。因而，振兴区域特色经济有赖于区域品牌的发展，而区域品牌建设是项系统工程，必须建立一个支撑体系才能有效发挥作用，为此可以构建出“以一特色产业集群为基础、两层次品牌建设是核心、三组织推动为动力、四化联动是出路”的“1234 模型”。

“1”是以特色产业集群为基础。区域品牌的基本内容由特色产业构成，区域品牌从创立、发展到壮大，必须紧紧依托特色产业，只有以一个强大的特色产业集群为基础，区域品牌才具备牵引区域特色经济发展的能力。因此，要实现基于区域品牌推动的区域特色经济振兴的根本措施，必须大力发展、积极创新特色产业集群，完善集群内供应链网络，壮大特色产业集群。

“2”是以两层次品牌建设为核心。两层次品牌是指区域品牌、企业品牌。企业品牌对土特产品牌的发展起着支撑作用，区域品牌对区域内企业品牌有背书和追加优势功能，两者良性互动能确保产业集群、区域特色经济健康发展。

当前，区域品牌的建设目标是要打破沉寂状态，激活传统产业，对一些土特产品推动申请原产地保护、地理标志注册，丰富品牌内涵，振兴区域特色经济。在打造特色产业集群的基础上，注重区域品牌、企业品牌的建设。①成立区域品牌申报管理机构，解决区域品牌产权归属不清的问题。②借鉴企业品牌、产品品牌的母子品牌组合模式，实施“区域品牌+企业品牌”战略，区域品牌代表区域特色产业整体形象，促进区域营销；企业品牌对土特产品牌起增加个性和活力，丰富内涵，提升价值支撑的作用。地方政府可以通过立法或政策规定，产业集群的产品包装在产业集群的统一标识下，再加上各个企业品牌。这样既可以利用产业集群的知名度来拓展市场，又明确了各企业品牌的产权，各企业均有积极性去提高产品质量，维护产品的品牌声誉，而且在某企业品牌出现质量问题的时候，也不会株连到其他的企业品牌。③区域中的企业，特别是龙头企业品牌建设对区域特色经济振兴有举足轻重的作用。企业品牌建设虽是自主行为，但区域品牌管理机构要加强对企业品牌的引导、规范，使之在充分发展的同时，符合区域品牌发展方向。

“3”是以组织推动为动力。它是指产业集群中存在的三个主要组织：政府、行业协会、企业，其中，政府是产业集群发展的主要推动者，行业协会是区域品牌建设的主要实施者，企业是区域特色经济振兴的主要参与者。因此，唯有明确三个组织在这一支撑体系的职责任务并合力推动，才能真正实现基于产业集群区域品牌牵引的区域特色经济振兴。

“4”是以四化联动为出路。它是指专业化生产、网络化经营、现代化管理、品牌化运作。其中，专业化生产、网络化经营是产业集群内企业发展和集群经济增长的应有之意，现代化管理是对传统产品的工艺技术、生产、营销的必须要求，品牌化包括区域品牌和企业品牌两层次的品牌运作，企业品牌运作以确保企业获取利润制高点，区域品牌运作以争取集群经济处于最佳经济形态。

21 世纪初，广东、浙江等省沿海地区发展产业集群与区域品牌推动区域经济发展，这一创新实践取得了巨大成功。各地纷纷学习效仿，开展产业集群与区域品牌新探索，国家工业和信息化部、农业农村部等部委开启试点建设产业集群区域品牌、农产品区域公用品牌和优势特色产业集群等，我国在产业集群区域品牌的丰富实践给本领域提供了巨量的研究素材。

第二章　产业集群区域品牌策划与营销

一、产业集群区域品牌的表现形式

一个区域拥有良好的品牌形象有助于推动区域内的产品和资源向外扩散及吸引各种资源流入该区域。Kevin Lane Keller 教授（2009）在《战略品牌管理》一书中说："像产品和人一样，地理位置或某一空间区域也可以成为品牌。区域品牌是指在某个行政地理区域范围内，由具有相当规模及影响力的产业产品而形成的，以生产地和优势产业合作命名的特定名称，是外部化了的区域形象，它是包括集体名称、集体商标、地理标志和原产地标记保护等多种形式在内的综合体系。"区域品牌理论的演进与发展是一个循序渐进的过程。Hankinson（2010）将区域品牌理论的发展划分为三个阶段——起源、深化和拓宽：第一阶段，在产品品牌化、城市政策和市场营销等理论基础上，区域品牌理论开始萌芽；第二阶段，品牌资产、区域促销和目的地品牌化等理论先后出现，并成为区域品牌的理论"养分"，这一阶段人们对于区域品牌理论的认识日益加深；第三阶段，在吸收公司品牌化、服务品牌化、非营利性组织品牌化、内部品牌化等理论的基础上，区域品牌理论的应用领域、应用场景得到扩大，旅游、城市政策和营销三个领域存在着对区域品牌化的多样化解释，这导致出现了目的地品牌化、国家品牌化、地区品牌化和城市品牌化等多种表述（刘文超等，2018）。区域品牌实质上是区域经济、产业集群和品牌营销等活动的复合。

国内从 2002 年开始关注产业集群与区域品牌建设问题。夏曾玉等（2003）以温州制鞋产业集群为例对区域品牌建设进行了探讨，此后，国内学者针对农林牧渔、轻工食品、服装纺织、旅游休闲等产业，对区域品牌的建设和发展开展了丰富研究，这些研究对各类产业集群的升级和区域经济的发展具有重要的借鉴意义。2018 年 9 月 17 日，国家市场监督管理总局、国家标准化管理委员会颁布了《区域品牌价值评价 地理标志产品》（GB/T 36678-2018）国家标准。区域品牌价值评价的国家标准、规范和引导我国地理标志产品评价市场合理有序运行。

品牌与区域关系的逻辑表明，归属于某一区域分工形态的品牌特质往往被这一区域特征所不断熏染、强化，这种品牌属性亦会反过来强化该区域特性。从产业集群的聚集性和品牌的关系看，产业集群内众多企业的存在为品牌创造了条件，而品牌效应反过来又吸引了大量的专业化供应商和专业人才到集群区域内聚集。因而，在集群效应中的规模—范围经济效应、合作—竞争效应、学习—创新效应、外部溢出效应、弹性专精效应，以及品牌效应中的产品促销、品牌溢价、引导消费者、保护经营者等功能因素的交互作用下，区域品牌具有促进生产要素集聚、推动产业结构升级、彰显区域产品优势、牵引区域特色经济发展的功能。区域品牌作为某个行政或地理区域内某一优势产业经过长期努力而形成或创建的产物，其总体表现形式通常含有“区域名称、优势产业（或产品）名称、影响范围、属性”，由于区域品牌所依托的产业发展程度和实力不同，其具体表现形式有着相当的多样性。

（1）产品代名词、土特产名称。南丰蜜橘、信丰脐橙、古镇灯饰、金华火腿……这些产业特色鲜明并与特定地区相联系的称号，正是以产品代名词或土特产名称的形式成为同类型产品中极具市场号召力的品牌。

（2）产业基地、商品集散地。所谓产业基地，通常指的是具有相互联系的公司或机构集聚在一定区域范围内所建立起来的具有布局相对集中、工序相互配套的产业地带，如 2008 年 8 月，高安市“江西省建筑陶瓷产业基地”被中国建筑材料联合会授予“中国建筑陶瓷产业基地”称号；2019 年 6 月，安徽省无为县被中国轻工业联合会授予“中国羽毛球产业基地·无为”称号。“商品集散地”一般指具有相当规模的商品批发市场，是商品的博览中心和交易平台，是联系上游、中游、下游产业的纽带。如苏州（中国）婚纱城已发展成为亚洲最大的婚庆产业批发零售集散地，在全球享有盛名。一般而言，产业基地、商品集散地是现代经济的产物，其中体现更多的是一种政府规划行为，一旦打造成功，将会成为具有相当实力和影响力的区域品牌。

（3）集体商标、证明商标、地理标志。根据《集体商标、证明商标注册和管理办法》（国家工商行政管理总局，2003）、《地理标志产品专用标志管理办法》（国家工商行政管理总局，2007）规定，作为集体商标、证明商标申请注册的地理标志，可以是该地理标志标示地区的名称，也可以是能够标示某商品来源地的其他可视性标志。根据《地理标志产品保护规定》（国家质量监督检验检疫总局，2005）指出，地理标志产品是指产自特定地域，所具有的质量、声誉或其他特性本质上取决于该产地的自然因素和人文因素，经审核批准以地理名称进行命名的产品。2018 年 3 月，国务院机构改革中将国家工商行政管理总局和国家质量检验检疫总局等机构职责进行整合，组建中华人民共和国国家市场监督管理总局；将国家工商行政管理总局的商标管理职责整合，重新组建中华人民共和国国家知识产权局。2020 年 4 月，国家知识产权局公布了新的《地理标志专用标志使用管理办法（试行）》，对地理标志保护产品和作为集体商标、证明商标注册的地理标志使用地理标志专用标志的使用要求做了再次确认。因此，经政府、法院等国家机构认定的集体商标、证明商标、地理标志，以及经国家质量监督检验检疫总局批准的地理标志产品，是受国家法律保护的一种区域品牌。

（4）区域代名词、授予给区域的特殊荣誉称号。一些优势特色产业成百上千年在某区域存在，形成了市场高度认同的金字招牌，直至人们将其看作区域代名词，如“中国瓷都——景德镇”。我国改革开放以来，一些全国性行业协会或有关部委为肯定某区域特定产业的规模、实力和影响力而授予的特殊荣誉称号，它表现出的基本形式为“影响范围+优势产业（或产品）名称+属性”，如 2001 年 9 月，中国轻工业联合会、中国皮革工业协会授予温州市“中国鞋都”荣誉称号；2003 年 9 月，中国轻工业联合会、中国陶瓷工业协会授予河北唐山市“中国北方瓷都”称号；2005 年 9 月，呼和浩特市被中国轻工业联合会、中国乳制品工业协会授予“中国乳都”称号；2006 年 6 月，中国涂料工业协会授予广东省佛山市顺德“中国涂料之乡”称号等。这些荣誉称号是一种高层次的区域品牌，是区域品牌的成熟形式；2018 年 1 月，中国机械工业联合会授予浙江省缙云县壶镇镇“中国锯床之都”区域品牌称号。

区域品牌的四种表现形式间存在明显区别和紧密联系。它们的区别表现在以下几个方面：“形式一”侧重于说明产品；“形式二”侧重于表现区域；“形式三”侧重于体现法律性；“形式四”更多为了体现权威性和影响力。同时，区域品牌的四种表现形式也存在着一定的转化关系：“形式一”经产业基础夯实和规模扩大可转化为“形式二”，经国家市场监督管理部门注册、批准认可，可转化为“形式三”；“形式二”经有关部门认定可升级为“形式四”。当然，还存在着以多种形式表现一个区域品牌的情形。

二、产业集群区域品牌的创建

（一）区域品牌的策划与创建

区域品牌建设是一个从内到外的过程，内为区域内部自身质量建设，外为区域对外营销，即区域营销。建设过程是一项系统工程，应该充分发挥各方作用，明确品牌推广的组织模式，建立专门区域品牌推广部门。首先，要做好特色产业、产业集群的选择和支柱企业的扶植；其次，要科学策划，巧妙宣传；最后，做好区域品牌的维护与风险防范工作。

1. 依托特色产业，培育名牌产品

消费者和社会公众对产品产地的认识与评价主要以产业为对象，即

区域品牌形成最关键的原因之一是要有产业优势，这种优势在于特色。例如，广东顺德围绕“家用电器”这一特色做文章，成为“中国家电制造王国”，已拥有大大小小的家电企业数千家，是全国乃至世界最大的微波炉、电风扇、电饭煲、电冰箱、空调器、消毒碗柜和热水器生产基地，对全球的家电消费起着举足轻重的作用。区域品牌有赖于龙头企业的多少和名优产品的多寡，必须以大量良好形象的企业品牌为基础。如广东顺德之所以能成为“中国家电制造王国”，主要原因是拥有格兰仕、美的、万家乐、科龙、容声、万和、康宝等现存或曾经辉煌的家电企业。

2. 明确区域定位，做响区域品牌

定位是指通过一定的手段去创立产品在顾客心目中的特定形象和地位。要想做响区域品牌，只有建立清晰的地区形象定位，才能做到品牌建设、宣传有的放矢。如要打造“中国灯饰之都”的中山古镇，正大力开展三个十工程活动（十大名牌产品、十大强优灯饰企业、灯饰十大精品）；还有要打造“中国童装之乡”的佛山市环市镇，从 1996 年将童装产业确立为镇主导产业后，建设了一批集生产、销售、展示、信息和设计于一体的多功能的童装城，积极推崇“童装文化”，促成童装协会挂牌，邀请广州服装设计师协会帮助制定区域品牌宣传推广策略，至 2002 年年底，环市镇就成为全国最大的童装生产基地和童装直销物流中心。

做响区域品牌，营销传播手段要创新、形式要多样。综合运用报纸、广播、电视、互联网等媒体进行广告或形象片宣传，举办各种项目推介会、招商洽谈会、商品交易会、产品博览会/展销会、产品节和新闻发布会、研讨会、论坛、新闻特写/采访等活动重点宣传产品产地。如在 CCTV 播放的“中国科技五金城——浙江永康”曾给公众留下深刻印象。

3. 抓好质量工程，维护区域形象

没有质量就不会有品牌，良好的质量是形成品牌的根本条件。由于

“公共物品”的非排他性，一旦区域内某个企业生产和销售假冒或低劣产品，区域品牌就会贬值，区域内其余企业的产品都会遭殃。如发生在浙江金华地区的“敌敌畏火腿事件”，对金华地区的火腿企业是个沉重打击。“公共物品”也具有正向外部效应，能让中小企业通过“搭便车”共同分享其带来利益，如“景德镇瓷器”“哈密瓜”等都是因若干个中小企业共同恪守质量标准，使产品至今畅销不衰。因此，提高产品质量，维护区域形象应该成为全体企业的自觉行为。为避免企业不自觉的行为发生和鼓励企业重视质量，政府和行业协会、商会可以做好以下工作：①制定有关质量的地方性法规，严厉打击假冒伪劣产品，维护市场秩序和区域品牌。在温州，各行业协会在公路上设卡，三无产品一律不准出温州。②鼓励企业创名牌，奖励名牌企业，如 21 世纪之初，温州市和东莞虎门镇对辖区内获得“中国驰名商标”的企业给予 100 万元重奖。③引导区域内企业加强行业自律，共同制定地区产品质量、服务标准，并监督执行，以维护区域品牌在市场上的形象。比如，温州市烟具行会创造性地开展对《专利法》补充的新产品维权工作，出台了“行业内专利”标准，行业维权周期短、程序简单，填补了申请专利赶不上行业发展的“真空”。

（二）区域品牌的发展路径

利用集群区域品牌来牵引区域特色经济发展，一要提高区域产业集群化程度；二要引导区域内企业以创建“中国驰名商标”等国字号品牌为目标，在科学考虑生产力布局的基础上，坚持高端化原则。

坚持产业选择的高端化，大力培育带动能力强、成长空间大的主导产业。在工业化进程中，产业结构的演进一般都会呈现出重工业化、高加工度化和技术密集化三大趋势。因此，在发展产业集群时，必须遵循产业演进规律，密切跟踪国内外产业发展的最新趋势，在发展初期就要把产业集群建立在带动能力强、成长空间大的高端产业上。

坚持主体选择的高端化，发挥大企业和知名品牌的龙头带动作用。产业集群的主体是企业，其实力和水平的高低直接影响到整个集群的发展水平。能否合理选择集群主体，是集群发展的关键。因此，集群主体的选择必须把握三条标准：一是有较大的规模和实力。在市场经济条件下，资本、技术、人才等资源总是先流向那些拥有较大规模和较强实力的大企业。只有大企业才拥有更强的吸引力和凝聚力，才能更好地发挥产业集群主角的功能。二是有自主知识产权的知名品牌。品牌是市场经济的通行证，是市场竞争力和影响力的集中体现。拥有知名品牌的企业对上下游产业链条具有强大的引领和整合能力，容易形成以品牌引领集群、以集群提升品牌的良性互动发展态势。三是有核心优势。对于参与产业集群的企业主体来说，核心优势包括核心技术、专利产品、管理技能、市场网络等诸多方面。一个企业只要在上述一个或多个方面具有独特优势，就会对上下游产业产生强大的拉动和集聚作用，从而与其他相关企业形成产业集群。

坚持路径选择的高端化，集中精力推动产业集群快速、健康发展。从各地的发展情况看，一些地方以中小企业为主体，通过企业自发扎堆、相互模仿形成产业集群，尽管起步时成本较低，也能形成一定的产业规模和市场优势，但发展到一定阶段都不同程度地遇到了自主创新能力有限、品牌通道狭窄、企业根植性差、高层次人才匮乏等问题，影响了产业集群的核心竞争力和持久生命力。因此，在集群化发展的进程中应尽量避免低水平重复建设式的发展路径，努力在大中小企业间及企业与政府之间形成有序的分工、协作、配套系统，不断提高生产效率和核心竞争力。

坚持品牌定位的高端化，发展全国少有甚至是没有的区域品牌。正确定位是一个区域品牌唱响世界的关键。准确、鲜明的区域品牌定位，就是要确定区别于其他区域品牌的个性和特色，反映区域发展战略的核心和灵魂。因而定位既是建立区域品牌的基础，也是区域核心价值的体现。区域品牌定位不是主观想出来的，必须依据县域的地理、资源、产业、历史等实际情况，基于“独特性、优越性、创造性”，找到自己优势，通过包装、推广，使优势彰显，成为省内乃至国内独一无二的区域品牌，如“中国×都（地、中心、城、园等）”“华夏××”“江南××”等。

（三）区域品牌的运作机制

区域品牌的建设过程是项系统工程，应该充分发挥各方作用，明确品牌推广的组织模式，建立专门区域品牌推广部门。在市场经济发展充分的地区，可以采用“政府放权、商会牵头、协会组织、企业赞助”的模式，在经济发展不充分的地区，则可采用“政府占主导地位，商会、协会起中介作用，企业扮演参与者角色”的分工模式。具体组织模式根据地方和产业特征来决定。

政府机构必须成为区域营销最主要的推动者。它的主要职责包括：①制定区域经济发展战略，明确区域发展定位。②挖掘资源或历史文化等资源禀赋作为题材进行培育。③引进支柱性的龙头企业，或引导大企业专业性裂变，催生配套企业，培育产业集群；鼓励、扶持区内企业争创名牌。④转变职能，支持民间商会和行业协会独立运作；授权民间商会或行业协会管理推广区域品牌的有关事务。⑤在商会和协会的协助下，制定有关维护质量和市场秩序的地方性法规，依法建设区域品牌。

区域品牌的经营与管理可由各种行业协会或商会来承担，它们在区域营销活动中拥有不可或缺的中介地位，分担的主要职责有：①接受政府授权，承担行业自律、维权、组展、服务、协调、管理等任务；②建立区内企业产品目录，推动专业市场的建立；③制定区内行业标准和区域品牌的使用章程或规定及使用范围等；④组织、带领企业参加各种展会、洽谈会、交易会等活动，推销区域产品，推广区域品牌；⑤扶持重点企业，给予技术、资讯指导的针对性策略等。

企业是区域品牌作用下最大的受益者，也是最主要的活动主体。它们在品牌营销活动中的角色主要是：①通过生产优质产品进行诚信交易，维护区域形象；②参与区域专业分工，努力创建企业品牌和产品品牌；③参加和赞助政府、商会、协会组织的各种区域品牌推广活动等。

三、产业集群区域品牌的支撑体系建设

（一）区域技术创新体系的建立

1. 区域创新网络系统及构成

区域创新网络是指在一定的地域范围内，构成产业集群的各个行为主体（企业、大学、研究机构、政府、金融机构等）在交互作用与协同创新过程中，彼此建立起各种相对稳定的、能够促进创新的、正式或非正式的关系总和。其方式是通过创新系统的主体构成有效的网络，互动创新；其目标是通过知识有效的积累、传承、扩散与增长来促进技术创新，从而导致生产率的大幅度提高。这一关系不仅为产业集群的网络特性所体现，而且是产业集群效应的重要组成部分。

区域创新网络系统是指区域内各创新行为参与者在一定的创新环境下相互合作所形成的促进创新的系统，即区域网络各个结点（企业、大学、研究机构、政府、金融机构等）是在长期的协同创新中而结成的网络，并融入区域的创新环境中而组成的系统。由于产业集群的动态性，区域创新系统也不是一成不变的，不同的发展阶段由不同的构成主体来共同构成其网络，但是往往一个发展成熟的区域创新系统都应该包括这几个主体：企业、大学及研究机构、中介服务组织、政府及公共部门金融机构。

（1）企业。它是指各个专业化的原材料或半成品供应商、成品的生产制造商、分包商、销售代理商、各种形式的企业服务商等，既包括数量众多的中小企业，也包括为数不多的大企业。企业是网络中最重要的经济单元，也是参与创新、实现创新增值最直接的行为主体。

（2）大学及研究机构。作为知识、技术的支撑结构，大学和各种研究机构不仅可以创造新思想、新知识、新技术等，还可以通过教育、培训及成果转化等方式，有效地促进知识、信息、技术等的扩散或市场价值的实现。

（3）中介服务组织。包括区域内存在的各种行业协会、商会、创

业服务中心等及律师事务所、会计事务所等各种形式的中介组织。

（4）政府及公共部门。地方政府及公共部门不是创新活动的直接参与主体，但在积极营造区域发展的创新环境、促进创新网络的形成与创新、有效规范地方市场行为及挖掘区内潜在的创新资源方面，发挥着不可替代的作用。

（5）金融机构。在区域经济实际的发展中，新产业区内往往集中了大量的金融机构，特别是在发达的产业区内，金融机构更是表现为空间的集聚。研究表明，区域内良好的银企关系，对企业的成长和发展的作用非常重要。

根据区域创新网络系统的五大主体构成，一般将它们间的网络关系分为两类：一类是区内正式的合作网络，它是区域创新网络的主要形式，主要是指区域内每一个企业在其设计、技术开发、生产、市场营销等创造价值的活动中，选择性地与其他企业或行为主体所结成的长期的稳定的关系。其中，按照不同主体的特点，将正式网络分为以下几种：市场交易网络，包括供应商网络、生产商网络、销售商网络；研发网络，主要是指企业在与大学、科研机构之间的技术交易网络；服务网络，主要指企业与中介服务组织、金融机构之间的关系网络。另一类是非正式关系网络，主要是指企业与区域内的其他行为主体，包括大学、政府等机构之间形成的社会关系网络，还包括公共关系网络和个人关系网络。

2. 区域创新系统构建的基本思路

对区域来说，创新网络构建的重要作用在于保持区域持续的创新能力和竞争优势。而实现区域创新网络中的创新功能发挥，关键是发挥组成创新网络的各个节点的主观能动性。

第一，企业之间要加强频繁的交往和经常性的合作，通过面对面的观察与学习和技术转让与模仿，使技术创新较容易地在集群内扩散；其他企业通过对此项科技的消化、吸收与模仿，在此基础之上进行技术改良而导致渐进性的技术创新不断发生，形成强大的挤压效应。要大力发展产业文化，培育创新文化。营造区域内良好的人文环境和创新环境，形成产业发展和产业创新的肥沃土壤。对于区域网络系统的创新而言，文化的影响是最宏观、最具战略性的，但也是最广泛、最持久性的，所以要提高区域经济的创新水平，就必须关注文化这个层次，使各种创新的网络联系根植于文化环境中，形成自我调节能力强的区域创新系统。

第二，大学和科研机构、中介机构、金融机构要为产业发展提供持续的服务。面向中小企业，解决共性技术、关键性技术及资金问题，把服务内容做专、做精、做优；建立区域技术服务中心及专门的技术转让机构和场所，促进技术转让的真正实现，从而不断推进企业发展过程中持续的技术创新和产品创新。同时，充分发挥高校在技术创新中的功能和作用，在区内建立一批国内一流、国际上有影响的综合性、研究型大学。他们肩负跟踪国际科学技术前沿领域和开发高新技术的使命。在某些专业领域有突出优势的大学，不仅直接服务于区域经济的具体领域，而且可以聚集相应领域的顶尖专门人才，一般高校和职业高校也可以为区内经济建设培养大量的高素质技术工人。

第三，要以市场为目标重塑政府形象。通过加强区域内制度环境的创新，提高本地企业的学习能力，增强整体区域的学习效应，并加强与区外的交流与合作，不断扩大区域创新网络的连接范围。坚持合理定位，以产业的思维和操作作为基本平台，实现效应与效益的最佳统一；坚持政策导向，面向产业，适时推动，为产业发展创设良好的软硬环境。实践证明，那些在制度及企业网络方面最有力的区域就是创新最强的区域，也是吸引投资者的最好地区。因此，政府需大力营造区域创新的软环境。

（二）专业市场的建设

随着我国市场经济体制的建立与发展，我国经济的运行方式已经由生产决定型向流通主导型转变，而我国的商品交易市场也由末端产业上升为先导产业。专业市场和区域特色产业集群互为依托、联动发展，区域经济发展对专业市场和产业集群的依赖不断增强，专业市场的发展状况甚至已成为当地经济发展的“晴雨表”。

专业市场是一种贸易的空间集聚现象，其竞争优势主要来自市场内产品的种类、数量、价格优势，以及与市场交易相关的物流配送、信息发布等辅助功能的完备与否。专业市场与产业集群间是相互影响、相互促进的关系。从专业市场对产业集群的作用来看，一是专业市场的存在与发展带动产业集群的发育发展；二是专业市场直接消化产业集群生产的产品；三是专业市场的发展促进了产业集群的技术创新和产品创新；四是专业市场为产业集群吸引了大批的同类生产企业，获取规模经济效益；五是专业市场的发展使产业集群降低交易费用，提高运作效率；六是专业市场为产业集群发展提供信息；七是专业市场有利于提升产业集群的知名度。

从产业集群对专业市场的作用来看，一是产业集群是启动专业市场的重要保证；二是产业集群带动了专业市场的发展；三是专业市场的特色优势依靠产业集群来实现；四是产业集群的发展带动了专业市场的扩张。以浙江绍兴纺织业的发展路径为例，浙江绍兴纺织业就是产业集群推动专业市场发展、专业市场促使产业集群扩张这一模式的典型例证。绍兴中国轻纺城的前身是 1985 年依托绍兴当地快速发展的纺织业产业集群建立起来的纺织品交易市场。随着中国轻纺城交易额不断增加，其规模也达到了全国乃至亚洲同类市场领先水平，辐射半径不断增大。专业市场的繁荣兴旺为产业集群的进一步发展提供了销售网络、技术、人才、信息等要素支持。绍兴中国轻纺城周边地区的纺织企业如同雨后春笋一般破土发芽，茁壮成长。据统计，目前绍兴县以纺织为主业的轻纺企业超过 5000 家，而在以中国轻纺城为圆心的 50 千米半径内，轻纺企业更是超过了 1 万家。绍兴中国轻纺城和周边产业集群之间的良性互动使绍兴地区逐渐成长为亚洲最大的纺织、纤维制品生产基地和交易中心。据中国轻纺城建设管理委员会公布的数据，2019 年中国轻纺城市场群实现成交额 2000. 3 亿元，同比增长 10. 61%，其中，面料市场成交额为 1379. 17 亿元，同比增长 13. 61%。同时，轻纺城网上市场实现交易额 526. 59 亿元，同比增长 25. 26%。轻纺城“线上线下”两个市场成交额达 2526. 89 亿元。因此，产业集群有利于形成专业市场，而专业市场的形成又进一步推进产业集群的发展。

（三）服务支撑体系建设

建立健全服务支撑体系。以产业集群为依托，坚持社会化、专业化、市场化原则，推动服务支撑体系建设。重点建设“六个中心”：一是建立技术研发中心。着力于产业集群结构升级，增加技术含量，提高产业和产品市场竞争力，在鼓励企业建立自有技术研发机构的同时，加大对产业集群技术创新活动的支持，重点扶持产业集群建立共性技术研发中心，面向整个产业，实现技术资源共享。二是建立产品检测中心。着力于产品质量的稳定提高，增强产业集群的自检能力，建立产业集群产品检测中心，根据集群企业的需要，搞好产品检测服务。三是建立产业信息中心。着力于提高信息化水平，用信息化带动产业化，建立产业信息中心，扩大国内、国际业务交流，开展电子商务，解决信息闭塞、营销方式落后等问题。四是建立人才培训中心。着力于整合社会资源，创新培训方式，形成政府引导、社会支持和企业自主相结合的培训机制，建立人才培训中心，开展各种培训活动，提高企业家和员工的素质。五是建立信用担保中心。着力于解决产业集群企业融资难问题，支持在重点产业集群设立商业性或互助性信用担保中心，搞好融资担保服务。六是建立创业辅导中心。着力于催生小企业、开发新岗位，拓展产业链条，促进专业化分工协作，支持在产业集群中建立创业辅导中心，向企业初创者提供政策咨询和服务，解决初创阶段的突出困难，提高创业成功率，促进产业集群发展壮大。

四、区域品牌营销：以江西稻米区域公用品牌为研究对象

市场营销是在创造、沟通、传播和交换产品中，为顾客、客户、合作伙伴及整个社会带来价值的一系列活动、过程和体系（该定义于2013年7月通过美国市场营销协会AMA董事会一致审核）。依此逻辑，区域营销（Place Marketing）可定义为，区域（地方）政府组织及各种区域利益相关者为了增强区域竞争力、社会影响力，利用市场营销理念和方法整合区域内各种资源，将区域中的产业、产品、服务、形象等要素开展企业化、品牌化经营，在吸引和满足各类目标客户需求和愿望的

同时最终实现本区域发展目标。

当今社会正在经历着从公域流量到私域流量的迭代发展和更新。从传统意义的广告到今天的基于大数据的品牌接触点的管理，从基于数据对用户的洞察、规划、引导、整合管理到整个效果的评估，由于新的流量生态，特别是私域流量的出现，引发了整个数字平台或者广告平台的营销价值、导流价值、运营价值及新场景价值的爆发。很多企业组织构建了包括公众号、专属小程序、自有商城等基于私域流量的闭环价值体系。如何建立自己的私域流量体系，以及私域流量如何形成有价值的销量转化和闭环，非常值得去探索。开展稻米区域公用品牌建设是江西省实施加快推进农业供给侧结构性改革，大力发展粮食产业的重大决策部署。目前，江西省稻米区域公用品牌建设尚处于起步阶段，提高其品牌知名度和市场影响力至关重要。运用自媒体基于私域流量的营销手段，开展江西各大稻米区域公用品牌的宣传活动，不仅有利于提升江西的稻米品牌在消费者心中的能见度和吸引力，还有利于塑造江西稻米区域公用品牌，更有利于推动江西水稻产业发展及深化农业供给侧结构性改革。

（一）江西稻米品牌建设的现状与主要问题

江西自古素有“江南粮仓”之称，是久负盛名的“鱼米之乡”。中华人民共和国成立以来，江西省成为东南沿海和港澳地区优质稻米主要供应基地，是全国所有省（市、区）中从未间断过输送商品粮的两个省份之一。

1. 江西稻米生产与品牌建设的基本成就

江西稻米业已形成了多个地理标志品牌。地理标志品牌是产品品质和信誉的标志，是区域品牌和区域形象的代表符号，据全国农产品地理标志查询系统数据，截至 2018 年年底，江西省已有 6 种稻米品牌获得原农业部批准的农产品登记地理标志：弋阳大禾谷（2010 年）、井冈红米（2010 年）、奉新大米（2010 年）、高安大米（2014 年）、黎川黎米（2017 年）、宜春大米（2018 年）等；中国地理标志网显示，原国家质量监督检验检疫总局批准的地理标志保护产品在江西省有两个：万年贡米（2005 年）、丰城富硒大米（2013 年）。这些江西稻米品牌在区域市场中影响力较强、知名度和美誉度较高、品牌联想较为丰富。

资料还显示，江西省稻谷产量与大米产供销一体化的国家级重点龙头企业的数量在全国居于前列。据《中国统计年鉴 2017》数据，2016 年江西省稻谷产量在全国的份额高达 9.7%，在全国的排名高居第三（见图 2-1）。

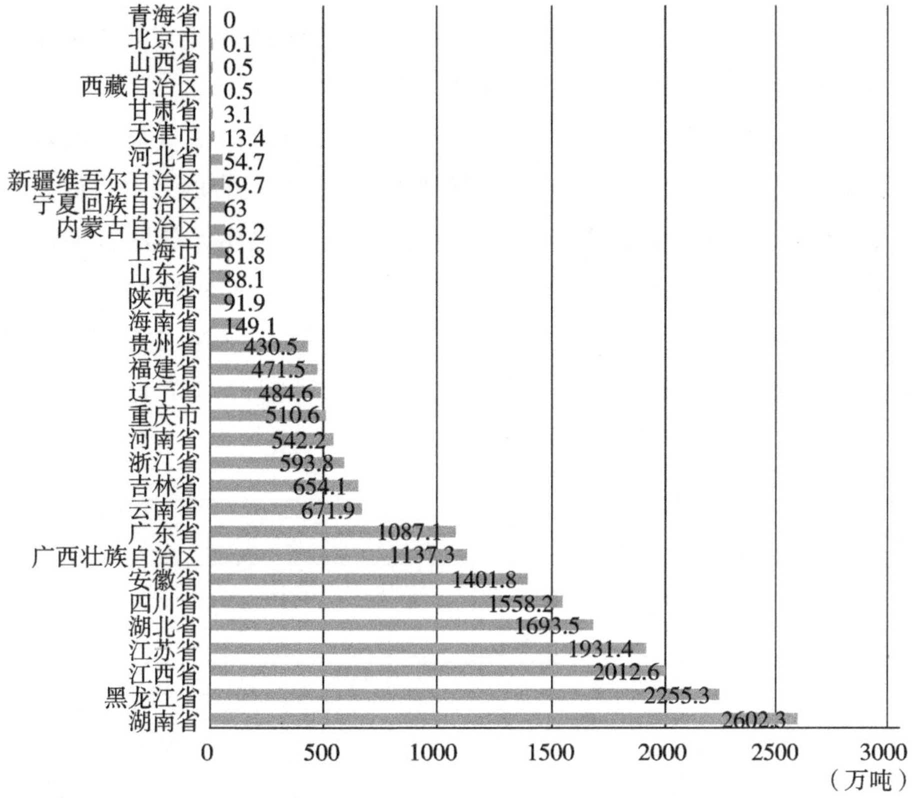

图 2-1　2016 年全国各省（自治区、直辖市）稻谷产量

2018 年 12 月，农业农村部公布第八次农业产业化国家重点龙头企业监测结果，共有 1095 家企业审定为“合格”，其中，专业化大米生产、加工、销售一体化的国家级农业产业化重点龙头企业有 29 家，黑龙江省和江西省数量最多，分别有 4 家，具体分布在黑龙江（4）、江西（4）、吉林（3）、湖北（3）、湖南（3）、广东（2）、内蒙古（1）、辽宁（1）、上海（1）、江苏（1）、安徽（1）、重庆（1）、四川（1）、贵阳（1）、陕西（1）、宁夏（1）等省（市、自治区）。江西省 4 家稻米领域的国家级农业产业化重点龙头企业分别为中粮（江西）米业有限公司、江西金农米业集团有限公司、万年贡集团有限公司、江西鹰南贡米有限公司。

2. 江西稻米区域公用品牌发展中存在的主要问题

虽然江西省稻米产量与重点龙头企业建设工作已取得一定成果，但是稻米区域公用品牌存在较为明显的问题，主要表现在：①稻米地理标志产品数量偏少；②强势区域公用品牌缺失；③国家级重点龙头企业所在地与区域公用品牌对应关系不强等。

（1）江西稻米地理标志产品的数量及其在全国的比重与江西稻米产量在全国的地位不对称。根据中国地理标志产品综合服务平台数据分析，2018 年以前，在全国 268 个稻米地理标志产品中，江西省稻米地理标志产品仅有 7 个，在全国的排名处于中下游（见图 2–2）。有部分稻米地理标志产品同时在原质检系统、原工商系统、原农业系统申请注册过，除去多重申报部分，全国共有 212 个稻米地理标志产品。

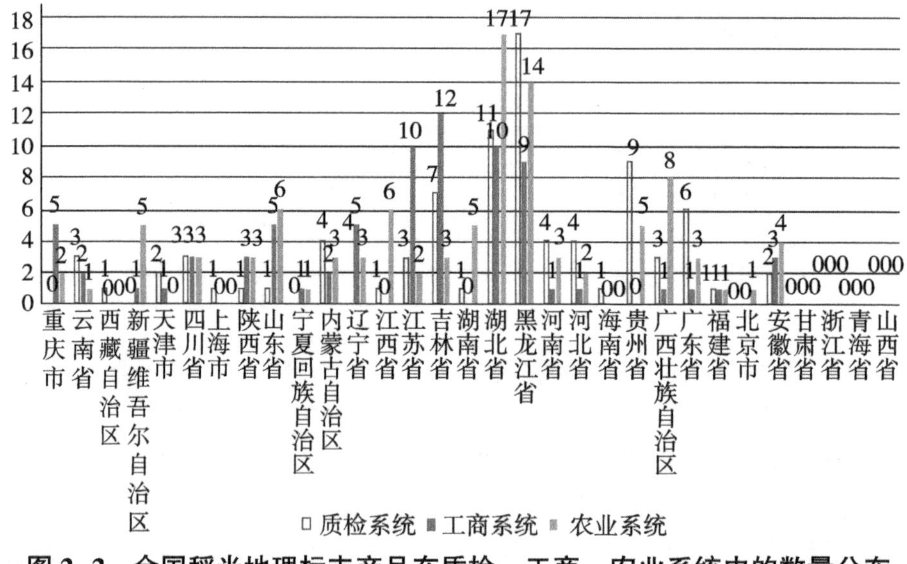

图 2–2　全国稻米地理标志产品在质检、工商、农业系统中的数量分布

数据来源：中国地理标志产品综合服务平台。

（2）强势区域公用品牌缺失，品牌效应弱。由农业农村部市场与信息化司支持，中国优质农产品开发服务协会、中国粮食行业协会等单位共同主办的“中国十大大米区域公用品牌”分别在2016年与2018年发布过评选结果。“2016中国十大大米区域公用品牌”有五常大米、响水大米、庆安大米、盘锦大米、宁夏大米、宣汉桃花米、遮放贡米、射阳大米、兴化大米、罗定稻米等，其中，黑龙江3个、江苏2个，辽宁、宁夏、四川、云南、广东等省（自治区）各1个；“2018中国十大大米区域公用品牌”有五常大米、兴化大米、射阳大米、盘锦大米、庆安大米、宁夏大米、兴安盟大米、榆树大米、方正大米、罗定稻米等，其中，黑龙江3个、江苏2个，辽宁、宁夏、内蒙古、吉林、广东等省（自治区）各1个。两次评选中，江西省稻米区域公用品牌无一上榜。

（3）国家级重点龙头企业与区域公用品牌间对应关系不强。江西省四个国家级农业产业化重点龙头企业所在地中有两个地区（南昌市进贤县、鹰潭市）还没有形成区域公用品牌，而江西金农米业集团有限公司所在地上高县并非是“宜春大米”的核心产区，其所生产的大米包装上并没有标有“宜春大米”等区域公用品牌名称，这些都说明龙头企业与区域公用品牌的关联性不强（见表2-1）。

表2-1 重点龙头企业所在地与区域公用品牌对应关系

序号	国家级农业产业化重点龙头企业	公司所在地	对应区域公用品牌
1	中粮（江西）米业有限公司	南昌市进贤县	—
2	江西金农米业集团有限公司	宜春市上高县	宜春大米
3	万年贡集团有限公司	上饶市万年县	万年贡米
4	江西鹰南贡米有限公司	鹰潭市	—

一系列资料和数据表明，江西省虽然具有水稻生产大省和重要商品粮供应基地的“光环”，但是全国范围内的品牌认知度还有待加强。目前品牌效应不强是江西稻米区域公用品牌存在的核心问题，因此，江西稻米品牌的知名度和市场影响力亟须提升。

（二）江西省发展稻米区域公用品牌的现有条件

尽管江西稻米区域公用品牌在全国市场范围内品牌效应不强，但经过大米生产企业、科研院所的长期努力及近些年政府政策发力，加上良好的自然生态基础，江西省逐渐具备了做大做强稻米区域公用品牌的现实条件。

稻米品牌建设的技术与产业基础不断加强。2017 年 9 月，国务院办公厅出台《关于加快推进农业供给侧结构性改革大力发展粮食产业的意见》（国办发〔2017〕78 号），提出要全面落实国家粮食安全战略，加快推进农业供给侧结构性改革，大力实施优质粮食工程，推动粮食产业创新发展、转型升级和提质增效。为落实国务院文件精神，2018 年 1 月，江西省人民政府办公厅在《关于加快推进农业供给侧结构性改革大力发展粮食产业经济的实施意见》（赣府厅发〔2018〕6 号）中提出，推进发展粮油产业集聚区，重点支持赣中富硒米片区，赣东北和赣南、赣西米粉片区，以及全省稻米油片区和地方特色粮油品种加工，计划打造一批优势粮食产业集群，将促进产生更大的产业集聚效应。优势粮食产业集群的扶持与打造，为稻米区域公用品牌提供了坚实的产业基础。截至 2018 年 3 月，江西省农业科学院水稻研究所培育通过国家级、省级审定的水稻品种 100 余个、农业部确认超级稻 5 个、累计推广 2.4 亿亩以上，举办国际杂交水稻培训班 14 期，培养杂交水稻技术人才 200 余人，这些为稻米品牌发展的培育与可持续性提供强有力的技术支撑。

稻米区域公用品牌的制度建设已经启动。2018 年 5 月，经江西省政府同意，江西省农业厅、财政厅印发了《江西省 2018 年稻米区域公用品牌建设实施方案》（赣农字〔2018〕29 号），并为 2018 年立项的稻米区域公用品牌安排并下达创建资金 2.55 亿元；针对区域稻米品牌制定从种植、生产、加工、验收、流通的统一标准，保障稻米品质，完善稻米产品质量体系建设；对在省外主销区开展展示展销活动或设立展示展销点的核心龙头企业予以适当补贴，引导市场体系建设。2018 年 6

月，宜春大米（宜春市袁州区）、鄱阳湖大米（鄱阳县）、万年贡米（万年县）、永修香米（永修县）、奉新大米（奉新县）、麻姑大米（南城县）、“井冈山”牌大米（吉安市）7个区域公用品牌，凌继河大米（安义县）、吉内得大米（莲花县）2个绿色特色品牌通过评审，批准开展稻米品牌建设。这一系列有关举措为江西稻米区域公用品牌发展提供了资金支持和制度保障。

（三）江西稻米品牌营销切入点：自媒体营销

《江西省2018年稻米区域公用品牌建设实施方案》要求，区域公用品牌的设计宣传由县（市、区）政府通过招投标形式，组织对区域公用品牌实行统一设计、包装和宣传，在省级（含）以上和主销区电视、广告牌等平面媒体，在高铁、地铁、移动终端等流媒体，在微信、微博等自媒体，在腾讯、百度、淘宝、京东等网络媒体，集中宣传推介。在移动互联的时代背景下，自媒体的兴起使社会化分享内容成为人们获取企业品牌和产品信息的一大主流渠道，对消费决策造成了巨大的影响力，同时相对于平面媒体、流媒体、网络媒体等媒体，自媒体的可控性较强，而运营成本较低。自媒体（We Media）又称“公民媒体”或“个人媒体”，是指私人化、平民化、普泛化、自主化的传播者，以现代化、电子化的手段，向不特定的大多数或者特定的单个人传递规范性及非规范性信息的新媒体的总称；自媒体平台包括博客、微博、微信、贴吧、论坛/BBS等网络社区。

在连续两次入选“中国十大大米区域公用品牌”的五常大米、兴化大米、射阳大米、盘锦大米、庆安大米、宁夏大米、罗定稻米等在自媒体营销方面表现出色，如五常大米、兴化大米、射阳大米、盘锦大米等均有自己的官网（见图2-3）、官方公众号等，其区域公用品牌旗下的大量企业都开设了自己的微博等传播平台，《罗定稻米香》原创类高清视频在优酷、爱奇艺、腾讯视频等视频平台拥有高播放热度，庆安大米、宁夏大米等在百度贴吧、美篇等平台均拥有不俗的发帖量、跟帖量。由此可见，我国著名的大米区域公用品牌大都非常擅长运用自媒体平台开展品牌营销与传播活动。然而，在获得江西省农业厅、财政厅立项支持的7个区域公用品牌和2个绿色特色品牌中，除“万年贡米”有自己的微信公众号，并由万年贡集团有限公司负责运营外，其他品牌既无官网，也无微信公众号等自媒体传播平台。

图 2-3　部分“中国十大大米区域公用品牌”官网图标

因此，江西各大稻米区域公用品牌可借鉴著名的大米区域公用品牌的自媒体营销做法，依托自媒体传播的优势进行品牌营销活动，并提供大米的产品溯源服务，这不仅有利于提升江西的稻米品牌在消费者心中的能见度和吸引力，还有利于打造江西稻米区域公用品牌，更有利于推动江西水稻产业发展及深化农业供给侧结构性改革。

（四）江西稻米品牌自媒体营销的实施建议

以自媒体营销为引爆点，唱响江西省稻米区域公用品牌，主要策略有：①把握稻米区域公用品牌属性，塑造鲜明的自媒体形象；②挖掘自媒体应用价值，赋予自媒体全面营销功能；③引导消费者分享自媒体内容，丰富自媒体的传播途径；④找准稻米营销的契合点，增强自媒体营销的感染力等。运用自媒体营销，开展江西各大稻米区域公用品牌宣传，能够提升江西稻米品牌在消费者心中的能见度和吸引力。

1. 把握稻米区域公用品牌属性，塑造鲜明的自媒体形象

自媒体的营销传播要想取得良好效果，鲜明的自媒体形象是前提和基础，因而塑造好自媒体形象的任务至关重要。一是做好品牌自媒体架构，搭建自身的媒体平台。可以为区域公用品牌设立一个专用公众号，并将县（市、区）级农业局官网、微博、微信公众号等媒体整合起来，包括县（市、区）稻米区域公用品牌下属企业负责人的微信、微博，意见领袖的微信、微博，从不同角度发出一个声音，及时传达政府政策和稻米企业生产、加工、包装、销售信息。要做到集品牌传播、公共关系、营销推广的角色于一身，运用品牌综合运营管理的思想来统一运作。二是把握网络语言简洁性的主要特点，可以先用关键联想词对品牌形象进行关联性定位，再利用这些关键词在自媒体平台上进行品牌宣传。确定能够分别定义不同县（市、区）稻米区域公用品牌的 1~5 个最重要的关键联想词，这些联想词语应该能使这个区域品牌与其他稻米品牌之间明显区分，并具有能够吸引目标顾客、传递价值主张的功能，甚至能直接地自我表达情感和利益，可以从该县（市、区）稻米的品质特性、营养价值、产地环境、历史渊源、产品荣誉等角度选取关键词。三是由县（市、区）级农业局与相关组织联合向民间有奖征集稻米品牌 LOGO、主题摄影作品和文学作品等，由县（市、区）政府或指定的区域公用品牌负责机构通过招投标方式组织对公用品牌进行统一包装和设计，集思广益，以获得寓意深刻、特色鲜明，易于识别和记忆，传播效果理想的最佳自媒体营销推广素材。四是依靠视觉传达所具备的更强的可记忆性，打造生动、难忘的自媒体推送内容。除了运用传统平面广告的形式以外，还可以运用动态的视觉演示——如引人注目的景象、视觉震惊或印象深刻的元素并列组合，更可以添加音乐为广告动态画面增加情感效应。

2. 挖掘自媒体的应用价值，赋予自媒体的全面营销功能

品牌自媒体既是组织与消费者沟通的平台，同时也是可以实现其营销目的的载体，要结合消费者接受、处理信息的特性，全方位制定自媒体营销策略。一是努力增强用户与平台的互动。可以通过官方微博、官方微信公众号及大江论坛、县（市）地方论坛、官方贴吧等建立消费者的意见调查与互动板块，了解消费者对稻米的产品需求及影响购买的因素，同时可以通过广泛的建言献策等活动，让用户融入稻米产品营销的各个环节中来。二是赋予自媒体的社交商务功能，向消费者提供定制化的产品，增强用户黏性。以满足用户的个性化需求为导向，可以设计具有纪念性意义的特殊包装规格，也可以结合不同县（市、区）稻米的口感风味特点生产稻米加工产品，如米酒、米糕、米粉、稻米油等，力争这些产品都可通过自媒体销售。三是通过自媒体平台鼓励消费者晒单或进行买家秀并配以文字说明，从而充分发挥意见领袖的作用。晒单和买家秀的方式真实、直白，可以传递给其他的消费者稻米的质量与口感信息，更容易获得信任。四是通过自媒体平台进行关系营销。一方面跟用户进行各种互动，增进与其之间的关系，为提高用户的活跃度，可以为自媒体设置一个朗朗上口的昵称，也可以给自媒体设计一个特别萌的形象代言，还可以在结婚、生日、节日这些特殊时刻向用户送出礼品，充分打造品牌网络媒体的亲和力。另一方面也要通过品牌自媒体去搞好与其他有影响力的自媒体之间的关系，以提高自身影响力，如借助现实社会名人、知识分子、草根活跃写手、网络论坛博主等意见领袖为稻米品牌引流的同时促进消费。可以通过邀请公众人物分享稻米的食用口感和测评等内容、携手公众人物合作推出福利活动以激励用户，让公众人物的粉丝能在主动关注他的同时，关注到区域公用品牌。

3. 引导消费者分享自媒体内容，丰富自媒体的传播途径

引导消费者分享自媒体营销，要同时考虑到“送优惠”和“诉情感”两种信息传播刺激方式，利益刺激和情感刺激都能帮助品牌达到促销的目的，两者结合起来使用，效果会更好。江西稻米区域公用品牌的自媒体营销，离不开对消费者分享自媒体营销的引导，需从利益和情感两方面入手。一方面，为消费者提供利益刺激，如转发享受折扣、派发福利、赠送产品等。消费者在互惠利他心理的驱动下，出于回馈的动机宣传，从而提升自媒体营销推广内容的曝光度。另一方面，为消费者提供情感刺激。可以通过叙事情、讲故事、诉情感的路径提升消费者对社交网络资讯的传播意愿。要重视消费者的情感，力争和消费者的价值观念达成一致，或者和消费者进行“情感沟通”。针对消费者特性，可以从以下几个角度与消费者产生情感共鸣：一是与生活文化共鸣。把江西稻米的广告内容与消费者追求健康生活、养生文化的情感诉求联系在一起，加之对稻米本身在种植生产中的情感关怀，驱动消费者自然地认同江西稻米的品牌价值和品牌特性。二是与历史文化共鸣。突出粮食在国家根本的战略地位，粮食供应无论在战争年代还是和平年代都至关重要，赢得消费者对江西稻米的品牌偏好。三是与个人真实情感共鸣。不但可以凭借部分本土消费者对家乡产业的浓厚情感以获取他们对江西稻米的支持，而且可以着墨于稻米带来的联想——热腾腾的香气、插秧的农民、厨房里忙碌的母亲等以打动消费者。

4. 找准稻米营销的契合点，增强自媒体营销的感染力

稻米品牌的自媒体营销既可以搭乘社会化媒体事件的“顺风车”，又可以把握好中国传统节日，更可以结合线下活动。一是进行事件营销传播。区域公用品牌可以利用自媒体具有的社会化扩散属性，通过“造势”“借势”“借力”等方式，快速引爆品牌。事件营销特别注重蓄积“势能”，一定要找准“社会话题”和“新鲜事”，对“事件”进行深入分析，充分考虑事件与品牌的贴合度，把握好营销尺度，增强营销感染力。比如，当媒体对“毒大米、陈化粮”曝光之际，着力宣传江西稻米是“绿色、健康、有机”的代名词，以消除消费者对稻米安全和品质的疑虑。二是进行节日营销传播。中国传统节日永恒不变的元素就是阖家团圆，而与节日习俗相对应的是人们在不同季节食用相应的“米食”习惯：春节食年糕，元宵节食汤圆，端午节食粽子，重阳节食重阳糕，冬至节食赤豆粥，送灶节食腊八粥等。区域公用品牌可以利用节庆消费，开展趣味化营销，使稻米及稻米加工产品的自媒体营销推广内容更容易吸引消费者的目光并引发热议。三是运用线上+线下的传播方式。区域公用品牌可以通过自媒体平台组织一些主题线下活动，如与米食文化相关的文化沙龙；与稻米品牌前景相关的头脑风暴；生动有趣的产地参观活动等。通过这些线下活动的互动与体验，进一步增强产地区域公用品牌、企业品牌传播的多样性，挖掘更深、更广的传播视角。

第三章　产业集群生态属性与区域品牌治理模式

一、产业集群的生态本源及其形式治理模式

（一）“集群”与“治理”的内涵

集群（Cluster）最初是生态学概念，原指以共生关系生活在同一栖息地的不同簇群。后来，由于在经济生活中出现了处于相关产业内的企业在特定地理位置上大量集中的现象，波特于1990年将之称为产业集群。在生态学领域中，由一群生物组成的群体有三种不同的层次构成：种群（Population）、群落（Community）和生态系统（Ecosystem）。种群是指在一定时空中同种生物的组合；群落是指某一栖息环境中所有种群按一定的结构、种类和种间关系组成的集合体；而生态系统则为群落生物及无生命的自然环境所组成的体系。从生态学角度来看，产业集群可视为一个有机生命体，遵从由企业个体到企业种群再到产业群落的发展过程，而且产业集群是在地理上靠近同类企业或相关产业组成的一个有机整体，它表现出和生物群落相似的行为特征，生物群落的生态属性在产业集群上得以显现（成娟、张克让，2006），刘磊（2018）提出产业集群生态化的内涵是生产方式的生态化，包括企业内部清洁生产和企业间生态链的构建，两者分别对应了环境成本“内部化”和“再外部化”两个层面，在企业间的关系、发展路径和政策导向上均有不同。熊澄宇、张学骞（2020）以创意产业为研究对象，指出传统集群模式过度强调空间聚合、设施共享，违背了创意要素特殊的构成与整合逻辑，需要以生态重构实现企业间高频对接，以形态重构实现区块间灵活协同，以业态重构促成价值链间高效交互、无界交互，最终综合推动创

意功能区与整体社会环境垂直融合、深度互嵌。因而，在产业集群经济效益得到明显提升而区域生态环境却日趋恶化的形势下，产业集群生态化理念的回归日益引起关注。促进产业集群生态化发展，需要从清洁生产和构建生态链两个方面入手，以全局观、系统观进行统筹规划、治理，在发展静脉产业、加强生态链建设等方面破题。

治理（Governance）是各种公共的或私人的机构管理其共同事务的诸多方式的总和，它是使相互冲突的或不同的利益得以调和并使人们采取联合行动的持续过程。治理行动需要跨越现实中单个主权实体或管理实体的权力范围和管辖范围。党的十八大以来，“治理”理念已被运用到治国理政层面。《中国共产党第十八届中央委员会第三次全体会议公报》（2013 年）提出：“全面深化改革的总目标是完善和发展中国特色社会主义制度，推进国家治理体系和治理能力现代化。”《中共中央关于坚持和完善中国特色社会主义制度、推进国家治理体系和治理能力现代化若干重大问题的决定》（2019 年 10 月 31 日中国共产党第十九届中央委员会第四次全体会议通过）指出：“我国国家治理体系和治理能力是中国特色社会主义制度及其执行能力的集中体现。”国家治理体系是在党领导下管理国家的制度体系，包括经济、政治、文化、社会、生态文明和党的建设等各领域体制机制、法律法规安排，也就是一整套紧密相连、相互协调的国家制度；国家治理能力则是运用国家制度管理社会各方面事务的能力，包括改革发展稳定、内政外交国防、治党治国治军等各个方面。

“集群治理”的概念由 Gilsing（2000）首次明确提出，并定义为“集群内的成员旨在促进和改善创新进程的目的明确的联合行动”；Enright（2006）认为“集群治理所处理的是集群企业之间的关系，本质上是集群内部的权力关系和权力分配”；魏江、周泯非（2009）将集群治理理解为“集群层面上对集群参与者交互活动存在约束和激励作用的各种内生性协调机制总体，是包括地方经济和行政权威、社会规范和协会机制等多种微观治理机制的一整套制度安排。”这些文献表明，当前理解的集群治理的实质是集群成员为实现共同利益而开展的一系列协调活动，它们主要表现为以经济利益协调为核心的价值链治理和以社会关系协调为核心的网络治理，以及网络治理与价值链治理交融下的模块化治理的集群治理模式。这些活动在推动集群规模增长，提升集群经济效益等方面无疑起着重要作用，然而对产业集群中存在的环境污染、生态破坏等非经济问题束手无策。目前，产业集群治理是规避集群风险、预防集群衰退、推进集群协同、提升集群绩效、实现集群升级的必要举措。集群治理已经成为产业集群理论研究的新兴领域。鉴于此，在资源短缺、环境恶化的制约下，亟须让集群治理理念回归“集群”的生态学本源状态，调整发展诉求、经济形态与发展理念等，实施“生态治理”——共生治理，推动集群经济与生态环境的和谐发展。

（二）产业集群的形式治理模式

产业集群是以某一个或几个相关产业为依托，以价值链为基础的区域生产网络组织。在这一组织系统中，“链式网状”构成了其基本形式，因而，集群治理模式中价值链治理和网络治理，统称为“形式治理”。

1. 以关系治理为核心的网络治理模式

网络治理的概念最早用于政治，源于对国家的治理。20 世纪 90 年代初，一些西方国家政府在寻求与传统国家统治和市场主宰观念相区别的第三条道路，提出了将市场机制的活力与公民社会的力量和价值有机结合起来的治理模式——网络治理。Gulati 提出网络治理是由许多独立企业构成的具有可选择性、持久性和结构性的集合，这些企业提供产品和服务的交易合约是依靠社会性因素而不是法律性因素形成的。我国学者魏江认为，集群内部的企业网络联结关系主要发生在有上下游生产联系的供应商和客户之间，包括完全基于市场的随机交易联结，基于稳定契约的长期交易联结和基于资金纽带的准一体化联结。在这些研究成果的基础上，一些学者基于产业集群为中间组织形态的网络视角，提出几项集群治理模式。

（1）多中心集群治理模式。黄喜忠、杨建梅（2006）提出四种集群治理模式：以行业协会为中心的意大利治理模式、以风险投资者为中心的硅谷治理模式、以官方或半官方机构为中心的行政治理模式及以一个或几个中心企业为中心的盟主治理模式。易明、杨树旺在上述研究成果基础上，将集群治理分为三个部分：企业网络治理、行业协会治理和地方政府治理。罗黎平（2018）以组织间关系协同治理为视角，指出集群韧性即为集群抵御风险冲击与恢复更新的能力，包括冲击吸收能力、冲击适应能力及恢复更新能力三个方面，并从时间与空间两个维度进行量化测度；冲击吸收阶段治理的主要目标是避免出现集群组织间关系应急性调整“失灵”和结构“故障”，社会网络治理与焦点企业治理需发挥主导作用；冲击适应阶段治理的主要目标是有效阻滞冲击的进一步传导与扩散，其中社会网络治理、焦点企业治理继续发挥作用，但第三方（包括政府、行业协会）治理的及时参与尤为关键；恢复更新阶段组织间关系治理主要由焦点企业治理及第三方治理发挥主导作用。俞国军、贺灿飞、朱晟君（2020）以产业集群为切入点，批判基于演化经济地理学的区域韧性理解方法，并提出“技术—关系—市场”三位一体的集群韧性理解框架。发现集群韧性通过技术创新、关系治理、市场多元化三种途径表达，认为内部技术创新也是区域韧性的重要来源，同时更不能忽视关系治理、市场多元化对区域韧性的重要作用。

（2）集群网络共治模式。霍佳震、吴群、谌飞龙（2007）在研究集群供应链网络时，提出“网络共治”框架体系包括五大主体构成的两大系统和六个部分。五大主体是集群网络共治活动的参与者：企业、政府部门、科研机构、中介服务组织、金融机构。两大系统分别是核心网络和辅助网络；六个部分是决策协调部分、组织执行部分、政策指挥部分、技术服务部分、咨询服务部分和信贷服务部分，并由此归纳出“企业主导—政府助推型”共治模式和“政府牵拉—企业跟进型”共治模式。

企业主导—政府助推型共治模式。该模式的特点是企业尤其是核心企业承担了治理的主要角色和功能。核心企业依靠市场力量聚集、运作，在产品的生产、标准制定、利益分配、与外部市场关系的处理等方面，具有绝对的主导权，与其上下游企业共同形成集群产品供应链。当集群产品供应链发展到一定阶段时政府进行推动、引导，中介组织和科研机构、金融机构逐渐发挥作用，形成企业、政府、中介组织、科研机构和金融机构共同参与治理的产业集群发展机制。

政府牵拉—企业跟进型共治模式。该模式的特点是政府首先强力干预，通过科技园、工业园、免税区等载体聚集企业，规范市场，引进市场机制，发展中间组织，为企业的生产和发展提供良好的外部环境；企业积极响应政府的优惠政策及措施，逐步完善自身的产品供应链，形成政府、企业、中介组织、科研机构、金融机构等多元治理的机制。

不管是哪一种模式，每个参与者的力量和作用都是不容忽视的，集群供应链网络的治理是它们共同作用的结果。集群供应链网络共治的结果是要实现五大主体构成的两大系统、六个部分的协调统一，实现产品供应链和服务供应链的最优配合，只有这样才能保证集群供应链网络的和谐运作。无论是哪一种操作过程，最终都是五大主体成员共同参与的过程，最终目的都是为了使集群供应链网络结构更加优化、成熟，维持好集群经济进一步的平衡发展。

2. 以利益治理为核心的价值链治理模式

价值链理论最早由 Michael E. Porter 提出。价值链治理是指通过价值链来实现公司之间的关系和制度安排，进而实现价值链内部不同经济活动和不同环节间的协调。Humphrey 和 Schmitz 认为，全球价值链的治理指通过非市场机制来协调价值链活动的企业间相互关系和制度机制。在此背景下，产业集群这种典型区域经济综合体的治理也由内部向外部拓展，全球价值链治理与产业集群的治理及升级紧密联系在一起。

（1）驱动力量视角的全球价值链治理模式。价值链治理的主体是价值链中占主导地位的机构（如主导企业或政府），治理范围是分散在不同区域范围内因价值链联系而形成的生产体系，主要作用是协调和整合。张辉在 Gereffi 提出的“生产者和购买者二元驱动模式”的基础上，根据治理主体的作用和地位，将产业集群价值链治理分为生产商驱动型价值链治理、采购商驱动型价值链治理及混合型驱动价值链治理。生产商驱动型治理一般以掌握关键技术的大型跨国制造商为主，负责协调整个生产网络。这类治理一般用于资本和技术密集型产业集群。采购商驱动型治理的主体一般是大型零售商、营销商和品牌制造商，他们的采购范围分散，但在分散的网络内却起到很关键的作用，负责协调和整合。购买者驱动和生产者驱动二者兼具混合型全球价值链驱动模式。这种混合型全球价值链的产业链条的价值增值在生产环节和流通环节都有偏重；在生产环节向流通环节转变过程中，先表现为价值的边际价值增值率递减变化，然后又表现为价值的边际价值增值率递增变化。

（2）行为主体视角的全球价值链的治理模式。Sturgeon 根据全球价值链中行为主体协调能力的高低，将全球价值链治理模式分为权威型生产网络、关系型生产网络和虚拟生产网络。在此研究基础上，Gereffi 等根据市场交易的复杂程度、识别交易的能力和供应能力，以及不同环节间的紧密程度，将全球价值链治理分为五种不同模式：市场型（Market）、模块型（Modular）、关系型（Relational）、领导型（Captive）和等级制（Hierarchy）。在五种治理模式中市场型和等级制分别处于价值链行为体之间协调能力的最低端和最高端，市场型是组织经济活动最为简单和有效的模式，其运行的核心机制是价格机制；等级制则以企业制为典型，其运行的核心是管理控制。

3. 网络治理与价值链治理交融下的模块化治理

网络治理分析与价值链治理分析在现有的集群治理研究中居于主导地位。郑建伟等分析发现价值链治理和网络治理的差异存在互补性。价值链治理偏重于集群的外部关系治理，而网络治理则偏重于集群内企业关系的治理。实际上，产业集群的这两种治理方式也存在着交叉、融合和拓展，模块化治理就是其中的一个典型例子（见图 3-1）。

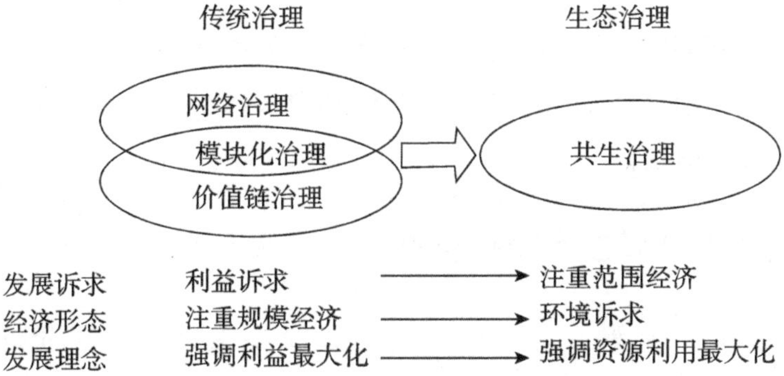

图 3-1 集群治理模式的转变及其比较

模块是指可组成系统的、具有某种确定功能的半自律性的子系统，通过标准化的界面结构与其他功能的半自律性子系统，按照一定的规则相互联系而构成更加复杂的系统。模块化产业集群是将一个复杂的产业集群系统按照一定的界面规则分解为可进行独立设计的半自律性的子系统（模块）——单个或多个相对独立的具有相似特定功能价值的企业，可以单独或合作完成某项任务的企业组织，这个过程就是模块的分解过程。当任务完成后模块之间相互联系，又按照某种界面规则统一起来，构成更加复杂的产业集群系统，这个过程即模块的集中过程。与传统的产业集群相比，在模块化产业集群组织中形成了一种较为自由的网络组织关系。模块集成商通过网络，利用界面规则，将自身的产品、技术进行模块化分解，保留核心模块自行生产，而将其他模块分包给各级模块供应商。

在模块化治理中存在“背对背”竞争机制及“订单生产”激励机制。从系统功能分解和功能模块整合的角度分析，产业集群实质上是模块集成商和模块供应商的聚集。通常，供应商会采取“背对背”式的竞争，根据自身的“隐藏信息”独立研发，设计出具有竞争力和核心价值的产品、技术。“背对背”竞争使原来产业集群中企业的创新空间更大，创新要求更强烈，创新更灵活。模块具有“即插即用”的性质，这一性质可以使模块生产商生产出来的产品具有更大的市场，但当系统设计者设计一定规则后，许多模块供应商都要进行生产，而只有最好的模块供应商才可以得到订单，这就是生产激励机制。当然，对于产业集群来说，这样的激励机制使产业集群内部组成形式和集群的权利分配属性实现了关系治理与价值治理的同步性和协调性，促进了产业集群的技术创新和优化升级。

二、产业集群生态共生治理模式

（一）产业集群生态化建设——工业共生现状治理分析

“共生”（Symbiosis）原为生物学概念，本意为不同种属生活在一起。当前，产业集群的共生治理主要是指工业共生（Industrial Symbiosis）。工业共生是一种仿照自然生态系统的工业组织形式，它通过企业之间的分工协作，以物流或能流传递等方式把不同工厂或企业连接起来，采用类似于生态食物链的“工业食物链”物质生产方式，使一企业的废物或副产品成为另一企业的原料或能源，实现资源经济产出高、能量多级利用和废物产生最小化。实施工业共生的产业集群园区，在我国有一个特定的名称——行业类生态工业园区，即以某一类工业行业的一个或几个企业为核心，通过物质和能量的集成，在更多同类企业或相关行业企业间建立共生关系而形成的生态工业园区（国家环境保护总局，2006），它是产业集群与生态经济、循环经济的耦合。从理论上来讲，工业共生是理想的工业组织形式，但在我国实践中，以工业共生理念主导的生态工业园建设并不顺利，环境保护部网站显示，截至 2014 年，批准开展的“国家生态工业示范园区建设”的园区数量达到 59 个，通过验收批准命名的“国家生态工业示范园区”达到 26 个。在上述园区中，按照类型划分：行业类园区（即产业集群生态工业园），① 覆盖

① 国家批准建设的行业类园区（产业集群生态工业园）：国家生态工业（制糖）示范园区——贵港、南海国家生态工业建设示范园区暨华南环保科技产业园、包头国家生态工业（铝业）示范园区、鲁北国家生态工业示范园区、抚顺矿业集团国家生态工业示范园区、贵阳开阳磷煤化工国家生态工业示范基地、张家港保税区暨扬子江国际化学工业园国家生态工业示范园区、包头钢铁生态工业园、山西安泰国家生态工业示范园区、郑州市上街区国家生态工业示范园区、上海化学工业经济技术开发区等。

了制糖、电解铝、盐化工、矿山开采、磷煤化工、海洋化工、钢铁、煤化工及石油化工和精细化工等行业；综合类园区及静脉产业类园区。① 到 2018 年再调整时，通过验收批准命名的“国家生态工业示范园区”的园区数量达到 51 个，批准开展的“国家生态工业示范园区建设”的园区数量达到 42 个。由此可见，我国产业集群共生治理状况并不乐观，还没有形成真正意义上的生态产业集群。究其原因，主要有以下五方面。

1. 建设中的集群生态园大多是在企业集团基础上改造而成，还没有形成合适的共生规模

共生单元之间存在一种临界规模关系，这种临界规模是共生形成的重要条件。临界规模之所以重要，是因为共生体的规模过大或过小将直接影响共生关系能否最终形成或保持稳定。我国大多数集群生态园具备了工业共生的基本形态，如山西安泰国家生态工业示范园区的发展是以煤焦资源深加工和充分利用为主的机焦→煤气→发电→高载能项目，焦化→焦油→化工→精细化工系列，焦化→余热综合利用系列三大产业产品链等，但其园区规模、企业布局削弱了产生更大共生治理效果的能力，这主要因为园内支柱企业“一企独大”，龙头企业“一枝独秀”。这种由一个企业集团或在其基础上改造而成的集群工业园很普遍，如贵港国家生态工业（糖业）示范园区——贵糖股份，包头国家生态工业（铝业）示范园区——包头铝业，鲁北国家生态工业示范园区——鲁北化工，抚顺矿业集团国家生态工业示范园区——抚矿集团，贵阳开阳磷煤化工国家生态工业示范基地——开磷集团，包钢国家生态工业示范园区——包钢股份，山西安泰国家生态工业示范园区——安泰股份。工业园内只有一个企业集团或只有少数几家企业，这样的共生单元的规模数量很难形成真正意义上的共生体和稳定的共生关系，这是我国集群生态园经多年建设后还不能通过验收的一个重要原因。

① 国家批准建设的静脉产业：青岛新天地静脉产业园。

2. 集群生态园中的成员联系以母子企业关系为主导，这种弱市场化的共生关系不利于共生体做大

共生能量特征是判断共生体的共生关系类型的主要依据。在两个共生企业中，寄生共生表现为一方企业孵化另一方企业，偏利共生表现为一方企业扶持另一方企业，互惠共生表现为双方企业平等竞争合作，其中非对称性互惠共生中的企业非同步进化，对称性互惠共生中的企业能获得同等的进化机会，因而，对称性互惠共生是共生关系中的理想类型，是最稳定的共生形态。对一个共生体而言，新能量源源不断地产生，可以促进共生系统的发展和优化，形成良性共生循环。相反，共生新能量不足会导致共生关系的衰亡。由于我国建设中的集群生态园区内的多数配套企业或“补链”企业是由龙头企业投资或合资设立，企业投资主体的单一性致使园区内“母子关系”企业之间的协调主要依靠集团公司的行政指令，而不是市场竞争调节，难以形成优胜劣汰、适者生存的竞争共生机制，而且龙头企业的运作能力强弱将极大影响园区共生治理效果的实现。因此，从共生关系角度分析，互惠共生才最有利于推动产业集群发展，而我国集群生态园中以母（孵化）子企业形式为主导，这种共生关系由于市场化程度低，容易形成难以产生新共生能量的寄生共生或偏利共生，如果处理不当，这两种共生方式可能将在很长一段时间内持续，从而将会影响到共生体——集群生态园的进一步发展。

3. 集群生态园中的共生主体类型单一，缺少他类共生单元——生产性服务业的参与

共生单元是构成共生生存形态关系的物质主体，是共生能量产生、交换和分配的基本单位。共生单元是相对的，在工业共生系统中，每一个企业可以代表共生单元；在第二、第三产业共生体之中，制造业、生产性服务业分别是共生单元，在不同的共生分析层次下，共生单元的性质和特征会表现出极大差异性。所谓生产性服务业（Producer Services），主要是为生产活动提供中间投入的服务业，贯穿于企业生产的上、中、下游诸环节中。生产性服务业一般都具有一定的知识含量，主要包括现代物流业、科技服务业、金融保险业、信息服务业、商务服务业（含咨询、代理、广告、培训、劳务中介及要素市场）等。我国现有集群生态园由于其共生主体几乎全为制造企业，没有生产性服务业等他类共生单元的参与，这种主体类型单一，缺少异质性资源输入的共生体，难以产生更大的共生能量，必将束缚集群生态园成长。

4. 集群生态园内还未形成有效的专业市场、行业商会等中介力量，缺少共生界面

共生界面是共生单元之间信息、物质与能量传递的媒介、通道和载体，它对共生关系的形成与共生系统达到均衡有决定性的影响，也是决定产生共生能量效率和共生关系保持稳定性的核心要素。共生界面是一个动态的组合概念，它是行为和介质二者组成的共同体，具备诸多促进性功能：一是可为共生单元提供接触机会，促进共生单元之间的分工以弥补各自功能上的缺陷；二是共生关系一旦形成，共生界面就会演化成共生通道，从而促进共生单元的共同进化；三是通过共生关系使共生单元按照质参量所规定的形式形成某种新的结构，这在生物学中表现为新器官或新物种的出现，在经济社会中表现为新的经济组织形式出现。将产业集群的发展实践对照共生界面的概念等相关表述，一般意义上的产业集群共生界面是集群区域范围内的专业市场、行业商会等交流（交易）平台。专业市场在交易方式专业化和交易网络设施共享化的基础上，形成了交易领域的信息规模经济，外部规模经济和范围经济，从而确立商品的低交易费用优势。行业协会是指由从事同一行业的经济组织及其相关单位为维护和增进全体会员共同的合法利益而自愿组成的非营利性社会团体，其主要职能包括协调服务、行业自律、行业维权等。然而，从我国现有产业集群生态园现状看，它们都还未形成专业市场、行业商会等有效的共生界面，集群内企业间接触的机会不多，信息、物质与能量传递通道有限，这使产业集群应有的专业市场、行业商会的功能、优势无法发挥出来，阻碍了我国集群生态园进一步做大。

5. 集群生态园在工业共生实际运作过程会遇到理论设计而不曾预想的种种境况

每个集群生态园的情况千差万别，在实际运作中工业共生的理想模式很难出现，总会出现种种不曾预想的境况：①除能作为下游企业原料的副产品外，很多废物在园区内并不能如预期地有效利用；②上下游企业副产品供应的不确定性严重影响工业共生网络的稳定；③网络成员的投机行为使工业共生网络经常面临巨大的潜在破裂风险等，这些都严重影响工业共生的优势发挥，从而影响到集群生态园的有效运行。

（二）现有集群治理模式的缺陷和共生治理的提出

网络治理、价值链治理与模块化治理模式在提升集群经济效益，推动集群融入全球化市场方面无疑起着重要作用，然而，我们仔细分析发现，这三种治理模式仅注重产业集群规模上量的增长，却未能关注其内在质的提升，对产业集群中存在的环境污染、生态破坏等社会问题束手无策。鉴于此，在资源短缺、环境恶化的制约下，有必要让集群治理理念回归“集群”概念的原生状态，实施共生治理，推动集群“生态和谐”的内涵式发展（见图 3-2）。

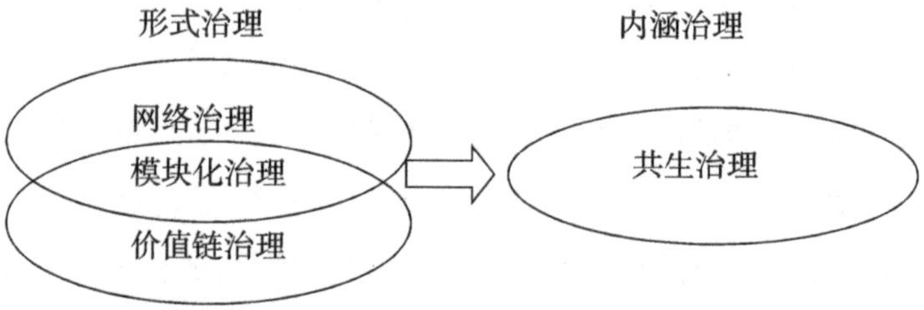

图 3-2 集群治理模式的转变路径

（三）产业集群的内涵扩大后的共生治理演变

随着实践发展，产业集群已超越了一般产业范围，成为由相互关联（互补、供求和竞争）企业、知识生产机构（大学、研究机构和工程设计公司）、职业培训机构、中介机构（经纪人和咨询顾问）、金融机构、服务外包商及半政府机构（地区商会、行业协会）等相关组织在一定区位集聚，形成的上、中、下游结构完整，外围产业体系健全，具有资源共享、生产灵活等特性的有机系统。在产业集群的内涵扩大后，产业集群共生系统已逐渐由制造系统的工业共生扩展至制造业与制造业之间、制造业与生产性服务业之间的产业共生，再扩展至制造业、生产性服务业、专业市场、行业商会、政府等主体之间的跨类共生，由此，产业集群的共生治理已由单一领域企业共生演变为在一定的集群区域中涵盖工业共生、产业共生、跨类共生在内的多产业、多领域的“大共生”治理（见图3-3）。

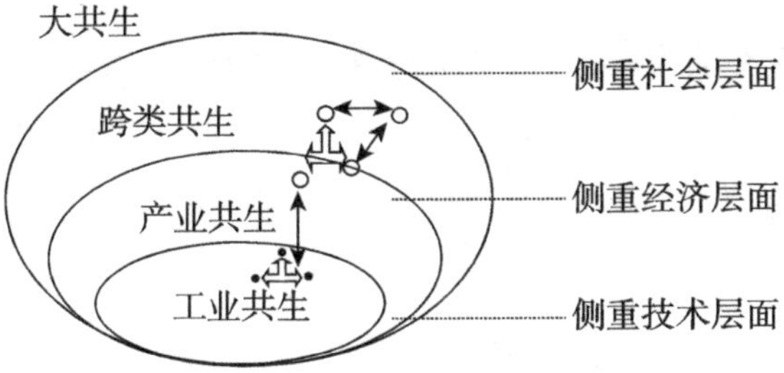

图3-3　大共生治理格局

工业共生的本质就是企业间的合作，生态共生是以副产品的交换为纽带，以提高资源利用效率和保护环境为目标。生态共生治理是应用现代科学技术所建立和发展起来的一种多层次、多结构、多功能的综合生产经营体系，变工业排泄物为下游厂商的原料，实现集群内循环生产、集约经营管理。生态共生强调企业之间的合作，从根本上将传统工业发展的“资源—产品—废物”模式转变为“资源—产品—再生资源”模式。生态共生范畴中没有“废物”的概念，它通过模仿自然生态系统中的“共生”，把工业系统中一个生产过程的副产品和废弃物变成另一生产过程的原材料，从而使整个工业体系成为各种资源（能量、水和原材料）循环流动的闭环系统，最终在提高经济效益的前提下，保护生态环境。

（四）生态共生治理模式

工业共生系统包括共生单元、共生环境和共生模式。其中，共生模式是指共生单元之间相互作用的方式或相互结合的形式，它既反映共生单元之间作用的方式、强度，也反映它们之间的物质、能量和信息交互关系。按行为方式划分，可分为寄生关系、偏利关系、对称互惠共生关系和非对称共生互惠关系；而按组织化程度划分，它们又可被分为点共生、间歇共生、连续共生和一体化共生。共生系统的状态变化主要体现为共生模式的变化。

实施产业集群的生态共生治理的关键是要建立环境效益和经济效益间的有效转换机制。环境绩效分为隐性环境绩效和显性环境绩效两个部分，显性的环境绩效通常反映企业污染控制的效果，而企业隐性的环境绩效主要体现在企业污染预防和提高生态效率等方面。经济绩效从外显的财务绩效与企业的核心能力两个方面来衡量。经济绩效与环境绩效间存在三种转化模式：传统技术创新模式、政策引导模式和生态化技术创新模式。

传统技术创新模式是在传统技术创新观念的指导下，企业将其经济绩效的一部分用于增加资源投入，以提高自身的技术存量，进而通过“技术推动”“需求拉动”的方式，在市场的指引下完成技术创新，并通过成果转化提升企业的核心能力。最终，包括企业核心技术能力、组织管理制度和市场能力在内的企业核心能力转化为显性的经济绩效，为系统的下一个循环提供资源投入。

政策引导模式是政府部门在引导、监督企业改善环境绩效过程中职能的体现。由于条件的限制，政府部门对企业环境绩效的要求主要是一些具体的环境指标，相应的，企业获取政策的支持也是通过这些显性的指标，而企业达到或超额完成环境指标所获得的也多为显性的经济绩效，如税收减免、资金支持等。

生态化技术创新模式体现了企业技术创新的生态化转向，说明了企业乃至整个社会的价值观的嬗变。生态化的技术创新要求技术创新活动不再单纯追求经济效益，而是在追求经济效益的同时要兼顾环境效益、社会效益及人类自身的生存与发展。面对资源消耗、环境污染、生态退化等日益突出的问题，生态化技术创新模式才是集群治理今后追求的方向。

三、产业集群生态共生治理策略

“大共生”理念要求产业集群治理系统由物流、能流、水流、废物流等资源循环流动的工业闭环系统发展为以工业系统为基础的资金流、信息流、知识流等参与的社会开放集成系统（见表 3-1）。

表 3-1　产业集群“大共生”治理框架

项目类型	共生主体	共生机制	共生介质
工业共生	制造企业	合作共生、交易共生	物流、能流、水流、废物流、信息流
		竞争共生、共享共生	
产业共生	制造业、生产性服务业（含专业市场）	变异共生、互补共生	物流、资金流、信息流、知识流
		共享共生	
跨类共生	企业、产业、行业商会、地方政府	盟约共生、权威共生	信息流（市场信息、政府政策）

（一）培育基于工业共生的“产业生态链”

工业共生是“大共生”的前提和基础，它是一种以副产品或废弃物交换为纽带，变上游工业的排泄物为下游厂商的原料，从而使整个工业体系成为各种资源（能量、水和原材料）循环流动的闭环综合生产系统，实现工业共生的主要路径是通过推行清洁生产技术，以及发展“补链”项目和静脉产业，从而促进企业之间生产过程循环。其中，清洁生产包括生产全过程和产品周期全过程的控制及节省原材料、消除有毒原材料和削减一切排放的废物数量与毒性等做法。“补链”是指引进具有“节点”性质的项目，使上游企业的废料成为下游企业的原料，实现链式发展。“补链”可分为产品代谢式、废物代谢式、产业配套式及集约利用式“补链”等。静脉产业（Venous Industry）是垃圾回收和资源再利用的产业，包括废物转化为再生资源及将再生资源加工为产品两个过程。在实践中，产业集群可在内部上下游企业之间引入合作共生、交易共生等机制，推行清洁生产，发展“补链”项目和静脉产业，从而对集群区域内的企业进行物流、能流、水流、废物流及信息流等方面重新集成，培育“资源—产品—再生资源”的新型“产业生态链”。

（二）建设基于产业共生的“经济生态圈”

产业共生是“大共生”的重要内容，它主要表现为在特定产业集群区域内不同制造业之间、制造业与生产性服务业之间通过竞争共生、变异共生（表现为传统企业在遇到具有强大生命力的新生企业时，主动实现自身的变异，并与之组成新的企业共生体，通过资源共享增强各自核心竞争力，共同培育和拓展新的市场）、互补共生等共生机制，将物流、资金流、信息流、知识流等贯穿起来形成具有产业特色的“经济生态圈”。

生态学理论表明，生物与环境的关系中存在着“最小因子定律”（Law of the Minimum）、“耐受性定律”（Law of Tolerance）和“限制因子定律”（Law of Limiting Factor）等重要的定律。任何一个生态因子在数量或质量上的不足或过多，即接近或者超过某种生物的耐受限度时，就会影响该种生物的生存和分布。由于我国建设中的集群生态园大多是在企业集团基础上改造而成，核心企业和外来企业过少，以至于还未形成真正意义的集群生态工业园，因而，有必要在集群园区中加大开放度，主动引入产业链上的核心企业，并引导它们与现有核心企业在竞争中共生发展；或是积极吸收新兴企业，推动产业集群在变异共生中发展。

专业市场是一种贸易的空间集聚现象，在许多产业集群中，专业市场、生产性服务业与制造业企业群体存在共生关系，其中，专业市场对产业集群的影响可以表现为催生作用、消化作用、吸引作用、形象作用和升级作用，产业集群为专业市场提供物美价优、品种丰富的产品和及时有效的服务支持，同时生产性服务业是制造业发展的“黏合剂”，它与制造业的共生实质是价值链分解和重构。制造企业应主动“购买”生产性服务，参与包括副产品交易市场在内的专业市场建设，完善已有的产业共生链，加强链与链之间的联系，以强化企业的专业性和企业间的相互依赖性，从而形成更加稳定的“经济生态圈”。

（三）促成基于跨类共生的“社会生态网”

跨类共生是“大共生”的重要体现，表现为制造企业跨越其自身及生产性服务企业等经济组织，与行业协会、政府等社会组织，通过以盟约共生（表现为企业依据盟约而存在的行业商会式共生体）、权威共生（依赖权力及权力分配属性实现共生）等共生机制，致力于“社会关系生态网”的形成。在组织功能上，行业商会体现为“用社会的钱，办政府的事”和“政府职能不足，社会自我补充”两种导向。行业商会与企业间的权威共生中的权威来自政府权威的让渡，并通过这种权威维持着企业集群内部的共生关系，推动产业集群区域社会关系生态化。政府在经济社会中的作用和地位决定了政策服务在产业集群治理活动的重要性，也决定了企业必须主动地与政府建立共生关系。地方政府应搭建相关平台来投放产业政策与专项资金，帮助制造企业实现生态化转型，加速生产性服务业与制造业的融合。企业应积极对接地方的产业规划，在参与产业集群生态化改造中提升自己，从而提高权威共生的稳定性。

总而言之，传统的集群治理模式是以关系治理为核心的网络治理和以利益治理为核心的价值链治理，以及两者交融而成的模块化治理。然而，这些治理模式只关注经济绩效，不追求环境绩效。“共生治理”模式的提出旨在解决集群发展中的环境问题，并引导集群治理由形式治理向内涵治理的转变，实现产业集群治理理念的本源回归。集群治理模式演变，表明产业集群发展在诉求上由利益诉求转向社会责任诉求，在经济形态上由注重规模经济转向范围经济，在发展理念上由强调利益最大化转向资源的节约与高产出。尽管当前存在的问题较多，但我们也有理由相信，产业集群的生态化或者产业集群的生态共生治理将成为未来理论研究和实践探索的热点。

同时，在产业集群已超越一般产业范围，集群治理理念的生态学本源回归后，产业集群共生系统已由制造系统内的工业共生扩展至制造业与制造业、制造业与生产性服务业之间的产业共生，以及制造业、生产性服务业、专业市场、行业商会、政府等主体之间的跨类共生，由此，产业集群的共生治理已由单一领域企业共生演变为在一定的集群区域中涵盖工业共生、产业共生、跨类共生在内的多产业、多领域的“大共生”治理。产业集群“大共生”治理提出的现实背景是：①以提高产业集群经济效益为目的的网络治理、价值链治理和模块化治理模式，在面对环境污染、资源浪费等问题时，它们无法给出解决方案；②以解决环境污染、资源浪费为主要目的的工业共生，由于其共生范围仅局限于一个大企业集团内部或是由少数几个企业组成的共同体，忽视更高级别的区域系统的产业优化，在集群区域内难以形成类似生态圈的产业循环系统，以至于影响到产业活动与生态系统间的可持续发展；③共生企业的机会主义行为、市场环境和非市场环境的不确定性，以及共生规模、共生界面等共生条件的缺乏，都对社会共生网络的稳定性产生一定负面影响。因此，在一定的集群区域中，迫切需要形成包括制造性企业、生产性服务业、专业市场、行业商会、政府等经济、社会组织，涵盖工业共生、产业共生、跨类共生等共生形式在内的“大共生”治理，实现经济系统、环境系统和社会系统的高度统一。

四、区域品牌治理模式与治理机制

（一）区域品牌生态系统

产业集群是由企业、行业协会（商会）、研究机构、政府、金融机构等行动主体构成的网络组织（见图 3-4）。根据产业集群网络系统的构成主体，将它们间的网络关系一般分为两类：一是区内正式的合作网络，是产业集群区域网络的主要形式，主要是指区域内每一个企业在其设计、技术开发、生产、市场营销等创造价值的活动中，选择性地与其他企业或行为主体所结成的长期的稳定的关系。其中，按照不同的主体结点，可以将正式网络分为：市场交易网络，包括供应商网络、生产商网络、销售商网络；研发网络，主要是指企业在与大学、科研机构之间的技术交易网络；服务网络，主要指企业与中介服务机构、金融机构之间的关系网络。二是非正式关系网络，主要是指企业与区域内的其他行为主体，包括大学、政府等机构之间形成的社会关系网络，其包括公共关系网络和个人关系网络。

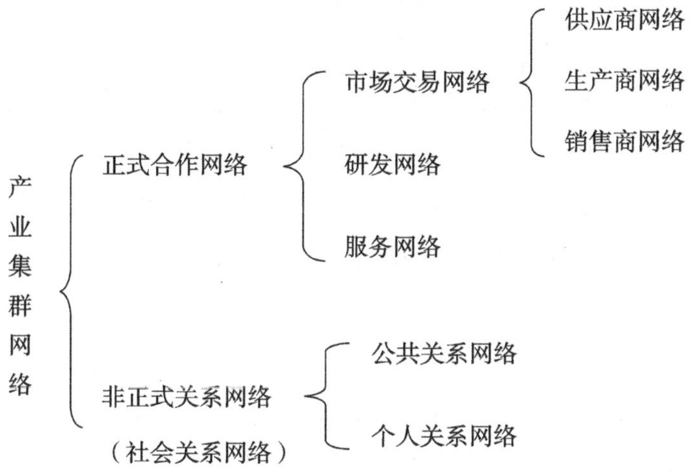

图 3-4 产业集群网络构成

品牌是一个复杂的巨系统。对于这一论断，品牌学界有着广泛共识。然而，对于品牌系统的指称对象是什么，至今还存有分歧。Kapferer J. N.（1992，2012）在《战略品牌管理》与《新战略品牌管理》中提出，品牌系统（Brand System）由三部分组成：产品或服务、名称与符号、概念（价值主张），并在此基础上构建起利于品牌管理（自上而下）与品牌感知（自下而上）的“品牌金字塔”。Aaker（1995）在《创建强势品牌》中指出，品牌系统可以划分为五个层次：

公司品牌、范围品牌（Range Brand）、产品线品牌、子品牌及品牌化要素（服务），并据此提出品牌关系谱。Agnieszka Winkler（1999）在《快速建立品牌》一书中首次提出“品牌生态系统”（Brand Ecosystem）的概念。王兴元（2000，2014）认为，品牌生态系统是由环境、企业、供应商、中间商、顾客、公众、相关组织与群体等成员组成的商业生态系统，换言之，品牌生态系统包括品牌成分和非品牌成分两部分。

基于产业集群的区域品牌生态系统是指在一定的地域范围内，构成产业集群的各个行为主体的品牌在交互作用过程中，彼此建立起各种相对稳定的、能够促进相互成长的、正式或非正式网络主体的品牌关系总和。在区域品牌生态系统中，集群网络化促进了厂商品牌之间的共同行动，强化了合作，实现了资源共享、优势互补，区域的集群模式实际上方便了学习过程，信息、知识、技术和经验能在区域中快速地传播，从而提高了企业和机构的学习能力和创造能力，增强了整体区域的学习效应，同时也降低了创新的成本，形成自我调节能力强的区域生态系统，以获得区域竞争的优势，形成富有竞争力的企业群、优势产业集聚。

（二）区域品牌治理的基本模式

区域品牌治理是指设计一种有效机制，使区域品牌范畴内的关键主体积极、持续地投入，这种投入一方面考虑到区域企业的个体利益，另一方面，这种努力会自觉汇聚成区域品牌的实力与价值（邱爱梅，2017）。王兴元教授曾从品牌生态系统的角度致力于中国地理标志等公共品牌治理的研究。王兴元、张鹏（2012）指出，公共品牌就是品牌产权主体及使用权都具有公共特性的品牌，由于公共品牌对社会发展的作用越来越大，而疏于治理导致其资产流失及低效现象非常严重；公共品牌在创建投入、使用、收益、处置及运营管理等方面的责任与权利由若干个机构或成员共同承担和拥有，它由全体利益相关者或成员依法对其进行共同治理。姬志恒、王兴元（2013）在对“中国地理标志”品牌特征进行分析的基础上，采用跨案例和扎根研究方法，归纳了核心企业主导型、无组织型和政府管理型三种中国地理标志品牌治理模式，并对其进行了比较。

（1）核心企业主导型模式。这种模式将大批农户导入企业体系中，从而把区域产业资源整合为“链式”布局，即按照企业经营价值链的要求布局中国地理标志的生产资源。此外，核心企业主导模式也使企业在公共品牌红利分配中占据优势地位，依靠自身相对强大的议价能力在博弈中获利。

（2）无组织型模式。在这种模式下，地方政府和企业对中国地理标准的嵌入度较弱，分散的农户成为品牌建设的主导力量，各相关主体之间协同度较低，缺乏对集体行动负效应的解决方案，作为公共品牌的地理标志容易出现“公地悲剧”。从品牌资源的布局上看，无组织型模式呈现“点式”布局，即依靠农户个体的力量推动品牌，这种模式由于个体力量过于分散往往缺乏自组织模式可持续发展必需的“反思理性”，从而导致品牌存在“下行”循环的风险，即公共品牌有效的责任主体，从而导致搭便车和道德风险行为出现，短期逐利成为农户和经营者的博弈优势策略，侵害消费者对品牌的认知，从而降低品牌声誉，引发消费者的进一步背离。

（3）政府管理型模式。作为社会事务管理者的区域政府在品牌生态系统中发挥重要作用，并逐步成为中国地理标志成长的内源式动力。借助政府的积极介入和战略性调节，农户和企业的力量能够得到有效汇聚，形成集体行动的规范。政府管理型模式在品牌资源中呈现“网式”布局，区域政府则是中国地理标志网络的“核心点”。政府能够通过营造公共平台减少利益主体的协调成本，整合单个利益主体的营销努力，从而通过网络叠加效应提升品牌的影响力；政府通过标准设计和准入机制设计也能够保证品牌产品的生产质量。政府管理模式可持续发展的关键是需要形成内部有序化竞争，促成相关利益主体的协同进化。这种模式下的公共品牌红利会在区域内部进行较为均衡的分配，政府和品牌能够形成互惠式发展模式（见表3-2）。

表 3-2　　三种公共品牌治理模式特征比较

模式	品牌控制权	治理结构	治理方式	品牌发展投入主体	品牌获利者	消费者满意度	公共品牌发展状态
核心企业主导型	大企业	垂直控制	集中权威治理	大企业	大企业、政府	高	寡头垄断
无组织型	缺位	水平协调	分散自组织治理	当地政府	无	低	无序竞争
政府管理型	当地政府	混合交叉	集中权威治理	当地政府	当地政府、诸多小企业	高	有序化竞争

资料来源：姬志恒，王兴元．“中国地理标志”品牌治理模式的多案例研究［J］．现代经济探讨，2013（12）：87-90.

在三种治理模式中，核心企业主导型和政府管理型存在内生的集中权威治理力量，在一定程度上能够整合“原子式”分布的农户和中小企业，凝聚区域内部的社会资本，提升中国地理标志的品牌声誉和影响力。无组织型中国地理标志的自组织力量较为薄弱，过于分散的经营主体很难演化出某种权威力量，无序化经营加剧了对公共资源的侵夺，从而影响品牌升级。

（三）区域品牌治理的机制

区域品牌作为一种集体声誉，其治理必须采用多主体参与的“共生治理”机制。邱爱梅（2017）从消费者视角提出了区域品牌的双层治理模型。第一层是区域品牌层，在这个层面上，首先，把好区域品牌形象关，提炼区域品牌个性及定位，塑造良好的区域品牌形象，提升知名度。做好集体商标注册和设计工作，规范商标使用；其次，提高区域品牌形象，推广区域品牌，提高区域品牌知名度和资产价值。这个层面主要通过俱乐部会员制，限制区域商标使用，规范区域品牌会员制度。第二层面是企业品牌层，重点把好产品品质关和提高产品感知质量，使消费者在区域品牌范畴内有较好的消费感知体验。解决方案是通过公开的信息平台，将俱乐部会员企业及其品牌信息公开，并进行分级和排位，给消费者提供充分的依据和选择，减少消费者的交易成本。两个层面紧密关联，区域品牌作为保护伞或者背书者，其形象和知名度的提升为企业品牌提供二次保护；而企业品牌的品质是区域品牌声誉的来源，区域品牌的维护依赖于企业品牌的创建和升级。同时，设立区域品牌治理委员会等机构及区域品牌质量管理和风险控制，加强对区域品牌治理和会员管理（见图 3-5）。

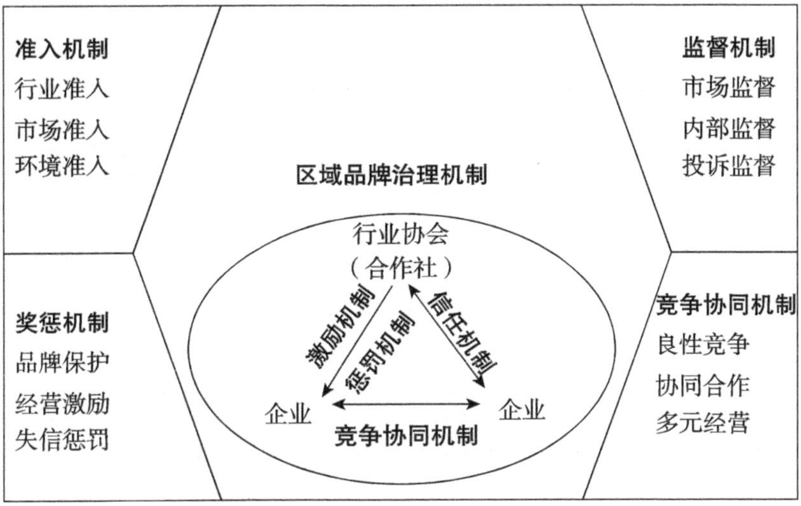

图 3-5 区域品牌治理机制

参考资料：王顺姣. 乡村旅游合作社公共品牌治理研究［D］. 成都：西南政法大学，2016.

王顺姣（2016）构建出了公共品牌治理模式及其治理机制模型（见图 3-5），指出在公共品牌的生命周期内，存在着两种不同的治理模式，在生命周期内不是特定地、始终以某一利益相关者为主导。主要表现为在生存期和快速成长期，主要是政府权威式治理为主导的治理模式；在缓慢发展期，主要是双层治理为主导的治理模式。在生存期，由于利益相关者类型较少，因而治理机制较为简单，主要表现为准入机制、奖惩机制；在快速成长期，集体品牌与企业品牌双层经营机制愈发完善，激励机制、惩罚机制、信任机制和竞争协同机制。在缓慢发展期，双层级之间的治理机制较为突出，如激励机制、惩罚机制、信任机制等，集群内个体之间的内在竞争协同和整个品牌与其他品牌之间的竞争协同机制作用也愈来愈强。

五、案例分析：江西高安建筑陶瓷产业集群生态建设与区域品牌治理

江西省建筑陶瓷产业基地（简称建陶基地）位于江西省高安市东南部素有高安“金三角”之称的八景、新街、独城三镇交界处，总规划30平方千米，已建成20平方千米，2007年，经江西省工业与信息化委员会、江西省发展与改革委员会批准建设。近年来，建陶基地按照“环保优先、品牌引领、转型升级、科学发展”十六字发展方针，通过“搭建平台、整合资源、延伸链条、提高效益”，实现“产业高端化、生产智能化、产品绿色化、工厂现代化”，助推产业优化升级和区域品牌发展。

（一）江西高安“中国建筑陶瓷产业基地”的发展成就

高安建筑陶瓷的历史发源于改革开放之初。1978年，江西第一片釉面砖在高安八景瓷厂诞生，标志着高安陶瓷工业化发展的开端。1992年，高安新街瓷厂与英国本森银行、中国香港佳宾管理有限公司合作，成立江西中英陶瓷有限公司，该公司是江西省第一家引进国外辊道窖自动化建筑陶瓷生产线的企业，标志着高安陶瓷业进入飞速发展的阶段。1993年，高安全市陶瓷釉面砖拥有30多个全国知名品牌，如雪三角、红梅、太阳、高峰等，总产量占全国的1/8，享有“釉面砖王国”的美誉。但是，在经历了20世纪90年代的发展高峰期以后，在佛山等地的建陶企业的冲击下，高安陶瓷企业的生存空间日益狭窄，市场被压缩到以高安为圆心的500千米半径内。大多数的企业目前生产线只有两三条，规模不算太大。2007年，高安市加快了陶瓷产业的发展，适时引进部分配套企业落户，建立集运输、信息、中介、行政服务于一体的服务网络，获批成立江西省级产业基地——江西省建筑陶瓷产业基地。

2008 年，高安建筑陶瓷产业基地被中国建筑材料联合会命名为“中国建筑陶瓷产业基地”，这是目前全国建筑陶瓷行业中第一个被命名为国家级的建筑陶瓷产业基地，是国家新型工业化产业示范基地、全国第一批增量配售电改革试点园区、国家高新技术产业园区、江西省第二批循环经济试点园区。截至 2019 年年底，建陶基地共有落户企业 115 家，其中，陶瓷企业 43 家，包括全国两大建陶航母新明珠、新中源，以及欧雅、普京、恒达利、爱和陶等全国陶瓷行业前 30 强企业纷纷在基地落户建厂，共建成陶瓷生产线 142 条，陶瓷总产能达 8.5 亿平方米，为我国第二大建筑陶瓷产区。① 2014 年，高安建陶产业被列为江西省 20 大示范产业集群之一；2018 年，高安建陶产业被纳入江西省传统产业优化升级试点产业，高安建陶基地被中国建筑材料企业管理协会评为“2018 中国建材园区 20 强”；凭借强劲的发展势头，高安建陶基地连续荣获 2018 年度、2019 年度“中国陶瓷优秀产区”奖。

2019 年，高安市首次跻身全国县域经济百强，全市地区生产总值达 448 亿元，跃升至江西省县市第四；财政收入突破 50 亿元，税收占比高达 90%；提高领域自主创新竞争力工作获江西省委省政府及时奖励集体三等奖，新增国家高新技术企业 34 家，居江西省第一。这些发展成绩的取得，高安建陶产业贡献了很大一部分。据高安市政府公布的数据显示，纳税 1000 万元以上的陶瓷企业有 17 家，纳税 500 万元以上的陶瓷企业有 29 家，纳税 100 万元以上的陶瓷及陶机化工配套企业有 60 家，其中，江西新明珠建材有限公司纳税达到 1 亿元以上；在工业企业纳税 15 强中，有 8 家为陶瓷企业。

（二）高安建筑陶瓷产业集群治理中的“生态产业”与“产业生态”

1. 强化清洁生产，打造生态环保型建筑陶瓷产业集群

清洁生产是指将综合预防的环境保护策略持续应用于生产过程和产

① 资料来源：高安市人民政府网。

品中，以期减少对人类和环境的风险。清洁生产从本质上来说，就是对生产过程与产品采取整体预防的环境策略，减少或者消除它们对人类及环境存在的可能危害，同时充分满足人类需要，使社会经济效益最大化的一种生产模式。在人们的观念中，建筑陶瓷产业是“三高一低”行业（高投入、高消耗、高污染、低效益）。如何破除“三高一低”的禁锢，实现低碳生产，既保护环境又发展经济，成为建筑陶瓷行业企业和所在地政府追求的目标。2013 年，高安市对陶瓷企业排污开展“零点行动”；从 2014 年开始，高安建陶基地就开始着手淘汰全部链排炉，对所有窑炉尾气进行脱硫处理，并积极推广清洁用气，兴建了高安市天然气有限公司，专业负责基地企业的天然气供应。2018 年，高安建陶基地陶瓷企业全部淘汰了链排炉，建设了脱硫除尘设施；所有陶瓷企业的原料进出口建设了洗车平台，原料场实现 100%棚盖；陶瓷企业 100%实现环保在线监控。此外，在所有陶瓷企业及涉水企业中推行安装环保在线监控设备，实行 24 小时实时监控。企业监控设备由第三方环保公司统一运行管理，将企业污染源的长效管理和信息化管理纳入规范化轨道。

2020 年年初，高安市设立 6 亿元清洁能源工业煤气项目环保产业基金，助推建筑陶瓷产业优化升级。2020 年 7 月，江西济民可信（高安）清洁工业燃气工程实现一次投料成功，产出合格工业燃气。该项目占地 1600 余亩，总投资 60 亿元，年产 120 亿方清洁工业燃气，建成后将是全球规模最大的煤制清洁工业燃气工厂。项目采用中国科学院热物理研究所的常压循环流化床富氧气化技术及飞灰残碳流化床燃烧技术，能量利用率和环保指数均达到国内先进水平。该项目是陶瓷企业转型升级集中供应清洁燃气的公益服务项目，其建成投产在高安建筑陶瓷产业绿色发展史上具有里程碑意义。

2. 发展循环经济，构建企业共生型建筑陶瓷产业生态系统

所谓产业生态系统，与自然生态系统近似，是多个主体之间依存共生的多维度系统，它是由产业链条中各类参与者及产业发展的支撑因素与外部环境等构成的产业赖以生存和发展的有机系统，系统各要素之间共生、互生与再生，发挥出最大化的经济价值与社会价值。中国建筑陶瓷产业基地（高安）积极引进高附加值陶瓷固体废弃物综合利用项目，加大抛光泥、废瓷砖等固废循环使用，打造循环经济。作为国内首家用废砖作原料的科技企业，位于中国建筑陶瓷产业基地（高安）的江西绿岛科技有限公司生产的高温高压陶瓷透水砖、生态陶瓷透水砖、陶瓷花岗岩等系列产品远销十多个国家，其原材料85%以上采用废瓷砖、废抛光泥等工业垃圾、建筑垃圾原料。过去各种废砖堆积如山，占地又污染；现如今摇身一变成为热销市场的透水砖，其产品标准成为海绵城市建设透水材料技术标准。

在高安建筑陶瓷产业集群中，生产性服务业已配套到位。基地已建成国家级建筑卫生陶瓷检验检测中心、高安市陶瓷工程中心、中国建筑陶瓷产业实训中心，铁路专用线、高安内陆口岸作业区，江西陶瓷会展中心、高安天然气有限公司等服务平台，同时引进了包装、釉料加工、陶瓷模具等配套服务企业，进一步完善了产业链条。

高安建筑陶瓷产业集群非常注重科技创新。基地依托国家级建筑卫生陶瓷检验检测中心、建筑卫生陶瓷工程技术研究中心及省级技术研发中心，加大陶瓷产业科研体系建设，不断推进产学研工程，建立了高安建陶产区与景德镇陶院、武汉理工和华南理工等学院长期合作关系。2019 年设立 2000 万元创新研发基金、1000 万元“科贷通”、550 万元引进高端研发机构等科技专项资金，鼓励企业加大研发投入。到 2020 年 7 月，高安建陶行业拥有国家高新技术企业 23 家；陶瓷企业新开发省级重点新产品共 20 项，授权专利 441 项。

目前，中国建筑陶瓷产业基地（高安）已形成以建筑陶瓷生产为主轴，以现代物流、机械、化工、包装及创意设计为副翼的多元化综合性现代产业集群，其产业生态系统基本建成。

（三）“高安建陶”区域品牌治理的多层治理

近年来，高安建陶产业积极实施“走出去”发展战略，不断吹响品牌升级的号角。在对外做宣传、提形象，对内做品质、办展会等一系列“组合拳”的推动下，高安陶瓷区域品牌的认知度、美誉度、知名度有了质的飞跃。

1. 国家和省政府有关部门高度关注江西陶瓷区域品牌治理

为了实现全国陶瓷强省的梦想，江西省政府对陶瓷业实行错位发展，在产业布局上合理定位，规划了景德镇、萍乡、高安三个省级陶瓷产业基地，分别发展日用艺术瓷、工业陶瓷和建筑陶瓷，以及江西丰城精品陶瓷产业基地、中国日用耐热陶瓷产业基地（江西黎川）等。

景德镇陶瓷工业园区是2003年经国家科技部和江西省政府批准的省部共建国家陶瓷科技城的产业化基地（省级开发区）。2008年5月，科技部批复同意建立“国家火炬计划景德镇陶瓷新材料及制品产业基地”，发展结构陶瓷材料、功能陶瓷材料、环保陶瓷材料、高档日用细瓷等细分领域，建成陶瓷新材料及制品产业集群。2019年8月26日，经国务院批复同意，国家发改委和文旅部正式印发了《景德镇国家陶瓷文化传承创新试验区实施方案》，2020年2月27日，江西省委、省政府下发《景德镇国家陶瓷文化传承创新试验区实施方案》贯彻意见，提出围绕“国家陶瓷文化保护传承创新基地、世界著名陶瓷文化旅游目的地、国际陶瓷文化交流合作交易中心”的战略定位，推动景德镇成为集中展示中华陶瓷文化的瓷都、全国乃至世界陶瓷产业标准和创新中心、国际化陶瓷产业链交易平台、全球文明互鉴的重要桥梁和高端陶瓷文化贸易出口区、世界一流的国际文化旅游名城。

2007年6月，萍乡陶瓷产业基地被江西省政府列为全省唯一的工业陶瓷产业基地，同年9月又被列为全省重点工业调度项目；2012年12月，萍乡陶瓷产业基地被认定为国家工业陶瓷高新技术产业化基地。2008年，江西省发改委正式批复“丰城精品陶瓷产业基地”为省级产业基地。2011年，中国陶瓷工业协会授予江西黎川县“中国日用耐热陶瓷产业基地”称号。

《江西省工信委关于开展2018年度企业创新能力提升活动的通知》（赣工信科技字〔2018〕350号）提出在全省面上，开展标准化宣贯、质量管理、知识产权运用 3 个推进计划；在设区市点上，选取萍乡、新余、宜春、抚州等地实施 5 个分项推进计划，其中包括萍乡湘东工业陶瓷、宜春高安建筑陶瓷、抚州黎川日用（耐热）陶瓷三项陶瓷区域品牌建设推进计划。由此可见，江西省委省政府及其相关厅委对江西陶瓷业错位发展及陶瓷区域品牌建设分类推进计划，目标明确、措施得当，对“高安建陶”区域品牌治理具有极大的推动作用。

2. 高安市政府及其派出机构积极建设区域品牌

2008 年，经原江西省工信委、省发改委批准，高安建筑陶瓷产业集群以“江西省建筑陶瓷产业基地”为单位名称开展工作。江西省建筑陶瓷产业基地管委会作为高安市政府的派出机构（高安市直单位），行使高安市政府授予的权限，负责建筑陶瓷产业基地的管理。2018 年，高安建筑陶瓷区域品牌建设项目被明确纳入江西省工信委企业创新能力提升工程以后，江西省工信厅与高安市政府立项，共同出资 160 万元支持“高安建陶”区域品牌建设。

在 2018 泛高安陶瓷产业发展高峰论坛上，高安市政府决定从推动产业集群提升、高端智能制造、全域绿色清洁生产、协同创新驱动、区域品牌建设、外贸出口拉动、陶瓷特色小镇、兼并重组及淘汰落后产能八个方面提升高安陶瓷的品牌影响力，加快推进建陶产业千亿级产业集群建设步伐。国家市场监督管理总局所属的中国质量认证中心（CQC）依据 GBT29187-2012《品牌评价 品牌价值评价要求》、CQC9102-2016《区域品牌价值评价 资产组合超额收益折现法》评估出 2018 年“高安建陶”区域品牌评估价值达到 71.5 亿元，在此基础上，高安市政府提出 2020 年区域品牌价值实现过百亿元的发展目标。

3. 高安市陶瓷行业协会高度重视区域品牌建设

高安市陶瓷行业协会是 2008 年 7 月经高安市民政局批准并登记注册的非营利社会组织，在政府和企业间起着桥梁和纽带作用。该协会接受江西省建筑陶瓷产业基地管委会、高安市工信局、民政局的业务指导和监督管理。“高安建陶”具有“泛高安”的特点，在《高安市陶瓷行业协会章程》(2013 年修订) 中指出:“凡在高安市及高安周边从事陶瓷产品、原料、辅助材料、陶瓷装备生产的企业,与陶瓷有关的科研、设计、教育、管理、策划、物流、内外贸易及相关的企、事业单位或社会团体、文化机构,以及为陶瓷行业服务的广告策划公司等,自愿申请并经常务理事会通过可为协会会员。”同时,江西(上高)金牛陶瓷有限公司董事长、江西(宜丰)瑞明陶瓷有限公司董事长还当选为第二届协会副会长;“泛高安”一词也出现在江西省政府关于推进高安建筑陶瓷产业发展的相关文件中。

高安市陶瓷行业协会高度重视区域品牌建设。协会理事会会长(2017 年)表示,协会将充分发挥品牌营销专委会的职能,把高安陶瓷的品牌建设工作放在首位,配合相关职能部门、行业媒体举办行业性的高端论坛和陶瓷博览会;理事会工作报告(2018 年)显示,陶瓷行业协会工作主要从区域品牌建设、安全环保建设、建陶小镇建设、国家标准建设、协会自身建设、人才培育建设等方面开展。由此可见,区域品牌建设是高安市陶瓷行业协会的重要工作内容。

4. “高安建陶”会展品牌和企业品牌齐头并进

“高安建陶”特别重视会展品牌建设。2015—2019 年,高安已经连续举办了五届中国(高安)陶瓷采购节;2020 年,“中国(高安)陶瓷采购节”升级为“中国(高安)国际陶瓷博览会”。江西建陶会展中心作为“泛高安”陶瓷采购节主展馆,在 2015—2019 年短短五年之间就成功举办了五届华中区规模上史无前例的陶瓷采购节(华中地区唯一一个举办过大规模采购节的专业建陶平台),2019 年首届春季精品荟的举办,更是形成了“春有精品荟、秋有采购节”常态化的专业陶瓷会展格局,已成为陶瓷企业品牌打造的重要窗口和载体。

陶瓷企业也非常重视品牌建设,截至 2019 年,高安陶瓷产业拥有中国驰名商标 14 件、省著名商标 47 件。在对外做宣传、提形象,对内做品质、办展会等一系列“组合拳”的推动下,“高安建陶”区域品牌的市场知名度、美誉度、认知度有了质的飞跃。

第四章　产业集群分岔与区域品牌定位动态化

一、"竞合—分岔—协同"机制

复杂系统理论认为，系统的开放性、非平衡性和非线性等特性能够为系统的自组织演化创造必要的前提条件。然而，真正推动系统自组织演化的动力则是来自系统内部的两种相互作用：竞争和协同。竞合如何实现协同？我们认为，在竞合达到协同之间有个"分岔"环节，即"竞合—分岔—协同"。根据混沌学理论，系统在诱导破缺机制和自发破缺机制作用下会产生分岔。集群在演化进程中，有可能从一种状态突变为另外一种状态，在其突变的临界点上，面临着存在多种可能状态的分岔，分岔后的集群只能是多种可能状态中的一种。集群在分岔后如能专注某一产业的特定类别，并演变成特色产业集群，就能够更好地与同类他集群实现协同。因此，分岔促进集群演化的动力机制之一，分岔理论也为特色产业集群发展及在此基础上区域品牌特色建设提供了新的思路。

（一）"竞争—协同"与"竞合—协同"

经济系统是竞争与协同的矛盾统一体。其矛盾性主要表现为这样两个方面：一方面，竞争是系统内部相互联系的个体之间的一种基本关系，它反映着相互联系、相互作用的事物或部门具有个体性并力图保持个体性。为了保持个体性，系统内个体之间就要相互排斥、相互对立、相互竞争。而协同反映的是系统内部事物之间或部门之间保持合作性、同一性、集体性的状态。另一方面，竞争造成了系统的震荡，带来了系统内部事物之间或部门之间在获取能量、物质和信息方面出现的非平衡现象，造成了系统发展演进的不确定性、动态性和分散性。而协同是造成系统内部事物之间或部门之间发展的确定性、整体性与目的性的因素，使系统保持既有的方向发展。美国战略理论研究专家H. 伊戈尔·安索夫首先将协同概念引入管理学和经济学领域，认为协同是“企业如何通过识别自身能力与机遇的匹配关系来成功地拓展新的事业”。较早地确立了协同的经济学含义，即为什么企业整体的价值有可能大于各部分价值的总和，亦即企业取得有形和无形收益的潜在机会及这种潜在机会与公司能力之间的紧密关系。日本战略专家伊丹广之认为，通俗地讲，协同就是搭便车，当从企业一个部分中积累的资源可以被同时且无成本地应用于企业的其他部分的时候，协同效益就发生了。当若干领域可以同时使用某种资源而不会影响其他领域对这种资源的使用时，协同效应就产生了。互补性资产主要是通过对可见资产的使用来实现的，协同效应则主要是通过对隐形资产的使用来实现的。罗伯特·巴泽尔认为，协同是相对于对各独立组成部分进行简单汇总而形成的企业群体的业务表现。协同创造价值主要有四种：对资源或业务行为的共享，市场营销和研究开发的扩散效益，企业的相似性及对企业形象的共享。哈肯在其著作《协同学》中曾论述，当自然界各种事物的规模和复杂程度发展到一定数量级的时候，该事物本身就会产生自组织现象，这也是大自然的一个客观规律。社会系统实质上是一个开放的系统，从无序转化为有序的关键并不在于系统是否平衡，也不在于离平衡态有多远，而是由组成该系统的各子系统，在一定条件下，通过它们之间的非线性作用、互相协同与合作自发产生稳定的有序结构。然而，协同有正协同与负协同之分，正协同是重复博弈的集体理性所形成的帕累托改进，产生“社会促进”，负协同产生“社会惰化”。可见，“竞争—协同”的结果将不完全是人们期望的协同，事实上，大量的集群在与外部竞争中衰败与消失就是例证。

那么，竞争如何能够确保实现正协同，而不至于是负协同？这里需要引出“竞合”概念。“竞合”这一概念最早是由耶鲁管理学院拜瑞·J. 内勒巴夫和哈佛商学院亚当·M. 布兰登勃格于20世纪90年代中期提出的。他们认为：“创造价值是一个合作过程，而攫取价值自然要通过竞争，这一过程不能孤军奋战，必须要相互依靠。企业就是要与顾客、供应商、雇员及其他相关人员密切合作。”简单讲，“竞合”就是“竞争中求合作，合作中有竞争”。竞争与合作是不可分割的整体，通过合作中的竞争、竞争中的合作，实现共存共荣，一起发展，这是企业竞争所追求的最高境界。竞合的着眼点在于把产业蛋糕做大，在做大蛋糕的基础上大家都有可能比以前得到的更多，从而使企业能在一个较小风险、相对稳定、渐进变化的环境中获得较为稳定的利润。竞合的实质是实现企业优势要素的互补，增强竞争双方的实力，并且将其作为竞争战略之一加以实施，从而促成双方建立和巩固各自的市场竞争地位。拜瑞·J. 内勒巴夫和亚当·M. 布兰登勃格的合作竞争理论源于对竞争对抗性本身固有的缺点的认识和适应当今复杂的经营环境。企业的经营活动必须有竞争，也有合作，这是一种合作竞争的新理念。它强调合作的重要性，有效克服了传统企业战略过分强调竞争的弊端，为企业战略管理理论研究注入了崭新的思想。同时，利用博弈理论和方法来制定企业合作竞争战略，强调了战略制定的互动性和系统性，并通过大量的沙盘推演进行博弈策略分析，为企业战略管理研究提供了新的分析工具。合作竞争战略管理理论的核心逻辑是共赢性，反映了企业战略要以博弈思想分析各种商业互动关系、与商业博弈活动所有参与者建立起公平合理的合作竞争关系为重点。

竞合会带来明显的协同效应。因为同一类型的资源在不同企业中表现出很强的异质性，这就为企业资源互补融合提出了要求。竞合扩大了企业的资源边界，不仅可以充分利用对方的异质性资源，而且可以提高本企业资源的利用效率。此外，竞合节约了企业在资源方面的投入，减少了企业的沉没成本，提高了企业战略的灵活性，通过双方资源和能力的互补，产生了 1+1 > 2 的协同效应，使企业整体的竞争力得到了提升。协同是系统中诸多要素或不同子系统相互协调、合作和同步的联合过程，是系统整体性、相关性的内在表现。协同是协调的一种方式，是最高级别的协作。达到协同的必要条件是：协作体之间拥有共同一致的目标，他们共享知识、共同决策、共同理解，而协作的结果会带给他们同等的成就。协同的目的在于通过多主体的并行性协作行为提高任务完成率；通过共享资源（信息、专业知识、物理设备等）扩展完成任务的范围；通过任务的重复分配增加任务完成的可能性；通过避免有害的相互作用降低任务之间的干扰。在协同学中，“协同”是指事物在一起工作所发挥的作用，即协同作用。具体讲，就是指系统各个组成部分或系统之间的协调一致、共同合作而产生的新的结构和功能。系统是动态相互作用中的组合部分，其结构之间的作用就是协同作用。

（二）系统“分岔”的引入

协同作用可以区分为正协同作用、负协同作用和中性协同作用三种情形，协同可以使企业更有效地利用它所拥有的资源和技能，协同意味着只要具有创新能力和识别发展机会的意识，企业就可以不断地扩大其规模。我们认为，在竞合达到协同之间有个“分岔”环节，即“竞合—分岔—协同”。“分岔是系统各部分与系统及其环境之间的内禀差别的表现”（普利高津，2003）。根据混沌学理论，系统在诱导破缺机制和自发破缺机制作用下会产生分岔，它是自组织与非线性的作用表现。

系统的分岔有静态分岔与动态分岔之分。静态分岔表现为连续型状态，动态分岔更多地表现为离散型状态（见图 4-1）。

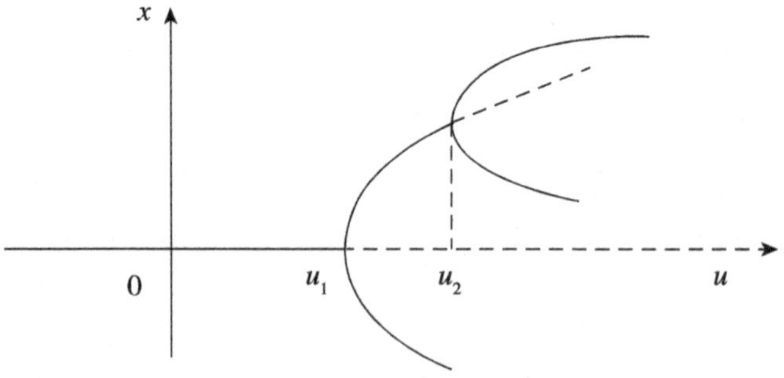

图 4-1　系统的二次分叉（连续型状态）

在静态分岔中，在分岔点处，系统一个微小的改变（涨落），可以放大到出现岔道的分枝上，系统沿一个分枝方向发展，所以系统分岔的临界点是至关重要的一刹那。正是这种分岔使复杂的系统能够摆脱传统机械式的稳定结构，通过“秩序—浑沌—秩序”做出“稳定—非稳定—稳定”反应的“选择”。在分岔点处，系统面临的是“选择机会”。一些“选择”会导致系统“浑沌”产生“非稳”，而一些“选择”会使系统“秩序”处于“稳定”。所以，系统的分岔点是系统演化中至关重要的一刹那，其中可有许多种未来状态，一个未来状态得以择定，其他可能性则一去不复返。“选择”的结果，要么使系统瓦解，通向浑沌，要么经过一系列把新变化与其环境相耦合的反馈环稳定到一种新的行为中。分岔后的系统一旦为其反馈所稳定，通过分岔的系统会抵御进一步变化，直至某个新的临界扰动把反馈放大，产生新的分岔点。在分岔点上，原来两个或多个路径发生了交会，分岔点上种种不确定之处也源于此。

在系统演化中，分岔总是伴随着突变现象，即系统定性性质（拓扑结构）的突然改变。突破现有结构的突变性是指在系统演化过程中，某些变量的逐渐变化最终导致系统状态的突然变化，即从一种稳定的状态突然跃升到另外一种稳定的状态，是一种离散型状态的动态分岔（见图 4-2）。

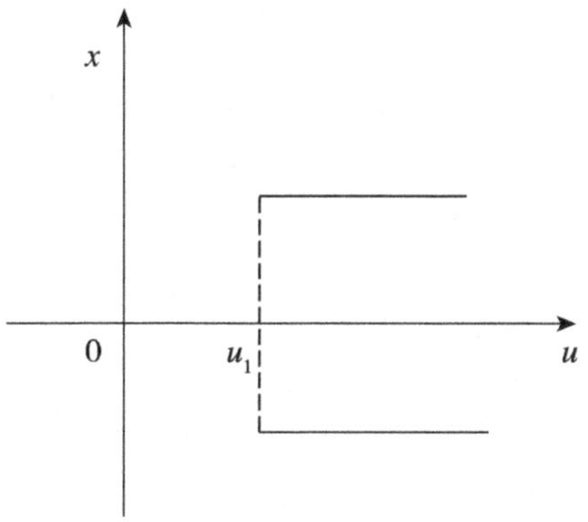

图 4-2　系统突变的分叉图（离散型状态）

分岔处使系统定性性质突然改变。当系统演化采用突变方式时，系统将由稳定状态瞬间跃入极不稳定状态，然后又随即向某一新的稳定状态演化，而演化方向则很大程度上取决于控制参数的微小变化（涨落）。突破现有结构的突变性是说一个系统的发展，固然需要一定范围内的稳定性，但是系统发展的真正动力却是突变性。

系统之所以会产生分岔，其主要原因是系统内各组成要素（组分）对物质、能量、信息及资源等争夺的内部竞争。它们相互竞争的结果不但会导致系统内资源的分配更加不均匀，同时也会导致各子系统间的关系更复杂，从自组织的角度来看，就是促使系统趋于更加的非平衡和非线性，由此，促使子系统向不同的方向演变发展；但另一方面，子系统间的协同作用又将这种非线性关联起来。这两种作用相互交叉、相互影响，从而不断地推动系统的自组织演化。分岔和选择是竞合系统自组织演化的主要途径，其中，分岔是指系统在发展演化过程中所面对的多种可能的发展路径，而选择则是指系统的演化必然沿着某一条给定的路径来进行。在经历了这样一个不断观察、比较与学习的寻找过程之后，系统的序参量会努力役使相应的子系统朝着有利于自己发展的方向前进，即各子系统会在新环境等因素的影响下，选出自身未来发展所需的合作伙伴或确定新一轮的竞争对手，建立一个全新的关系网，从而获得一个最有利的发展机会，使自身不断前进、不断发展壮大。

二、产业集群的分岔与区域品牌归属之争的混沌学解释

区域品牌正日益受到各级地方政府的高度重视，正因为如此，现实中多个地方争夺一个区域品牌的事件频频发生。例如，景德镇是闻名中外的瓷都，然而，除景德镇外，一些行业协会又评出了若干个“瓷都”。2003 年中国工艺美术协会授予福建德化为“中国瓷都”；2004 年中国轻工业联合会、中国陶瓷工业协会授予广东潮州“中国瓷都”，并于 2011 年通过复评。这说明“中国瓷都”区域品牌的归属处于争议之中。当然，区域品牌归属之争不只是存在于陶瓷产业领域，而是几乎涉及所有产业集群。再如，在制鞋领域，2001 年中国轻工业联合会和中国皮革协会授予浙江温州“中国鞋都”荣誉称号，并于 2006 年年底通

过复评；2001年中国皮革与制鞋工业研究院、中国皮革工业信息中心、全国制鞋工业信息中心、（全国）制鞋行业生产力促进中心共同授予福建晋江“中国鞋都”荣誉称号。各类行业协会热衷“封都”的现象不禁让人产生种种疑问：社会经济生活中，为什么会有众多的“封都”行为？这些“封都”的做法合理吗？有什么更好的方法解决现实冲突？带着这些问题，结合混沌学中的分岔与分形理论，展开深入的探索。在社会系统中，混沌态通常对应着和人们期望截然相反的，或者无法预测的实际效果，但混沌理论认为，确定的系统具有内在的随机性，这种表面的随机现象背后隐藏着规律与秩序；一切系统的行为处在动态演化中，稳定有序或混沌无序都是暂时的。混沌系统的研究主要通过综合运用分岔、分形等非线性理论与方法，来探索复杂现象无序中的有序和有序中的无序。

（一）产业集群的分岔：区域品牌混沌的动因

由于混沌系统敏感地依赖于初始条件，一个因素的微小变化可能对整个系统产生巨大的影响，而分岔是该系统发生变化的敏感性表现，它是由作用于开放系统的外部约束和系统内在的非线性机制引起的参考定态失稳的结果。从数学角度，所谓分岔（Bifurcation），是指对于含参数 μ 的系统，当参数变动并经过某些临界值 μc 时，系统的全局性性态（如平衡状态、拓扑性质或周期运作的数目等）会发生突然变化的非线性现象，其中临界值 μc 称为参数 μ 分岔值或分枝值。混沌现象和奇异吸引子的研究结果表明，连续发生的分岔往往是出现混沌现象的先兆（见图4-3a）。为了清晰描述混沌现象，在此引入关于系统的一个平衡方程数学表达式：$x = K\cos(\omega t + \theta)$ 。式中，ω是分岔现象发生的系统运动的角速度；t 是分岔发生的时间；θ 是分岔发生的初始状态，即系统的初始角度；x 是各因素发生变化后系统产生的总体效应；K 是个修正系数。此函数的数学图形是一个围绕水平轴上下波动的不断循环的抛物线，系统的变化从均衡到不均衡过程中发生的分岔现象可以通过该图形反映出来。

在市场竞争、社会需求和自身发展需要等力量作用下，产业集群中的“产业”范围逐渐窄化，由“大产业”分岔为“小产业”，产业集群向市场提供的产品逐渐类别化，由此产业集群的稳定性随着环境的改变和产品调整等发生重要变化（谌飞龙，2012），如陶瓷由一个比较宽泛的概念演变分解成日用陶瓷、艺术陶瓷、工业陶瓷、建筑卫生陶瓷、电子陶瓷和特种陶瓷等门类，陶瓷产业开始分岔出艺术陶瓷产业集群、工业陶瓷产业集群、建筑陶瓷产业集群等。虽然产业集群发生了分岔，然而，建立在其基础上的区域品牌却大多未能反映这种分岔变化，不能揭示系统的各种运动状态之间的相互联系和转化，因而，将其自己带入了混沌状态（见图4−3b）。而一些机构无视产业集群的分岔，简单地将区域品牌授予不同的区域则加剧了区域品牌混沌状态的产生，如看不到江西景德镇、福建德化和广东潮州等地陶瓷产业集群在质上的区别，而将“中国瓷都”分别授予上述地区；以及从“中国鞋都”区域品牌上无法展示出“温州皮鞋”与“晋江运动鞋”的各自优势。

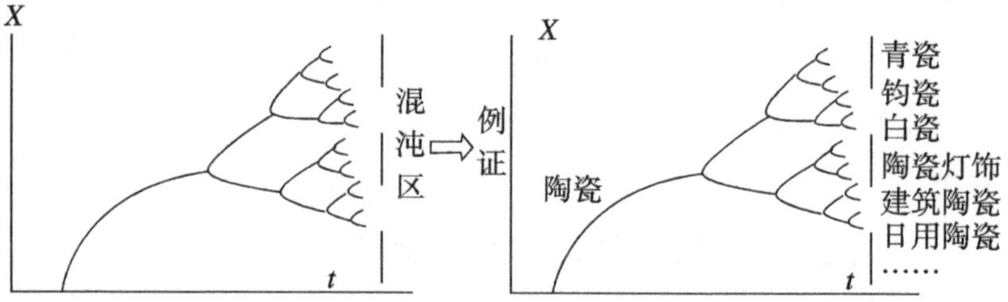

(a) 系统周期性分叉 (b) 陶瓷产业集群分叉（例证）

图4−3 系统周期性分叉与陶瓷产业集群分叉

（二）产业集群的分形：区域品牌混沌的诱因

世界本质上是非线性的，而分形①是复杂混沌系统非线性特征的一种几何表现。分形是相对于“整形”而言，是一种人为的抽象概念，

① 分形概念与自相似是密不可分的，没有自相似就没有分形，但有自相似却未必有分形。换句话说，具有自相似性的系统就是分形。对于大自然而言，自相似性是普遍存在的，但从来没有绝对的自相似（甘德安，杨正东，2010）。

强调混沌系统的自相似特性，即每个局部都是整体的一个缩影，把其中任意一个局部加以放大，都将和整体相似，因此，从某种意义上说，“分形”比“整形”更能反映事物的本来面目（汪富泉、李后强，1996）。系统产生分形结构的充分条件是“吸引子”，通俗地讲，一个吸引子就是一个集合，并且使附近的所有轨道都收敛到该集合上。换言之，非线性系统所产生的无规则运动最终会成为趋向吸引子的无规则运动，而无规则运动的吸引子便是相间的分形结构。

所有产业集群可以视为一个复杂大系统，具体的产业集群则是大系统的一个分形体。产业集群有“嵌入型”和“原发型”之分，但无论是哪一种类型，其分形都主要体现在系统的网络结构、变化过程及功能效用上，分别表现为产业集群的结构分形、过程分形和功能分形。

（1）产业集群的结构分形。从空间角度看，产业集群具有地理位置上的相近性，且产业领域相对集中，通常以若干个支柱企业为核心或龙头，大量配套协作企业参与其中，通过生产联系形成紧密的正式或非正式的关系网络。网络结构是产业集群的基本特征，产业集群的结构分形是自组织的，能自我形成有利于成员贸易往来、信息交流与知识互动的网络系统，还可以改变自身形成新的分形单元。

（2）产业集群的过程分形。产业集群的过程分形来源于其本身的结构分形。由于产业集群表现为层次性、网络化结构，因此其运行过程也同样表现出层次结构、网络结构的相似性，这种相似性使产业集群呈现为复杂的过程分形，表现为集群企业行为在不同层次的具体运行和执行。在产业集群中，龙头企业的市场面向区域外部，有些甚至参与国际竞争，配套企业的生产与服务总是集中于有限的产品项目，形成了专业化协作的特点，整个集群生产与服务也具有趋同性，紧紧围绕着某一专业化生产过程。

（3）产业集群的功能分形。随着结构的分形，系统运行的结果就是完成各个分形单元的目标，即正常发挥每一级各个分形单元的功能，体现在产业集群的每一层次，涉及组织的每一方面。产业集群的网络结构决定着集群运行的方式，运行结构在保障组织结构功能的同时，向组织结构系统反馈信息，并不断促进组织结构的完善和优化。产业集群已经成为推动区域创新和繁荣地方经济的一剂良方，这是产业集群功能分形的重要表现，也是各地争相发展产业集群的重要原因。

实际上，系统分形都是从一个“原形”开始，按照“生成元”的运作规则，不断“迭代”而成，这种过程具有一般性（赵喜清、贾宽峰，2005）。具体到产业集群领域，一个成功的产业集群会不断被复制或移植，发生分形后的产业集群，自相似性非常明显。这种自相似性会诱使一些机构对某一产业领域的不同地区的产业集群授予完全相同或是极易混淆的区域品牌，从而使区域品牌系统进入混沌状态。

（三）产业集群区域品牌的混沌特征

混沌（Chaos）的本意是“杂乱无章、混乱无序”，但在系统科学中，混沌是指确定性系统由于各构成要素或子系统的非线性关联，使其运动轨迹或系统的演化路径呈现出不确定性或不可预测性的内在随机性现象。混沌现象一般具有以下特征：对初始条件的敏感依赖性、非线性运动、长期行为的不可预测性、奇异吸引子作用、分形结构（李志刚等，2011）。建立在产业集群基础上的区域品牌，其本质是一个非线性系统，它的演化过程具有明显的混沌特征。

1. 对初始条件的敏感依赖性

混沌理论认为，混沌动力系统的运动轨迹将敏感地依赖于初始条件。在现实中，任何系统不可避免地要受到外界的干扰，初始时刻的细微偏差经过不断地迭代而随时间指数放大，当放大到一定尺度时，就会引起系统突变。区域品牌的形成依托于产业集群基础，而在同类产业集群中，由于其自然资源或人文禀赋等的差异，它们的发展结果会有很大不同，比如中国三大古瓷区（江西景德镇、湖南醴陵和福建德化）经过上千年的发展变迁，陶瓷业目前还是这三个地区的重要支柱产业，但其区域品牌在国内外陶瓷市场上的影响领域却大相径庭——景德镇的艺术瓷享誉世界，醴陵的电瓷、工业瓷等优势明显，德化的瓷雕和西洋工艺瓷深受喜爱。

2. 确定性系统的非线性运动

线性是简单的比例关系，对线性的细小偏离，往往不会引起系统突变，而非线性是对比例关系的背离，是引起行为突变的原因（甘德安、杨正东，2010）。在实际中，线性关系对现实的模拟只适用于自变量极小的扰动范围，而非线性却能真实反映“过犹不及”“一波三折”等复杂现象。许多历史悠久的区域品牌发展轨迹表明，区域品牌及其背后的产业集群演变无法通过线性近似方法得到，只有用非线性工具，才能清晰地描述其真实演化路径。比如我国陶瓷文化发祥地之一的福建德化，最初是从烧制日用器皿开始的，宋元时代烧制青瓷、青白瓷、白瓷；明代独树一帜的“象牙白”（建白瓷）享有“中国白”的美誉；清代，德化青花瓷取代建白瓷的主要地位；民国期间，瓷雕在国际上独占鳌头；改革开放后已成为全国最大的西洋工艺瓷出口生产基地，由此勾画出了区域品牌“德化陶瓷”的非线性运动轨迹。

3. 长期行为的不可预测性

混沌理论描述的系统，其动力学方程是完全确定的。然而，这种系统的长期演化行为存在着随机性。从数学机制上看，这种随机性是从丝毫不带随机项方程（如差分或微分方程）中产生出来的，以至最终导致无法把握系统的未来行为。由于区域品牌及其形成基础产业集群的非线性及时间的不可逆，将导致区域品牌及产业集群系统从长期看不可预期，特别是系统在远离初始出发点后，经过连续的分岔，到达混沌区域。比如，号称“千年瓷都”“世界瓷都”的景德镇，因瓷而生、因瓷而兴、因瓷而荣、因瓷而饱受尴尬，如今在面临着国内外各陶瓷产地的强劲竞争环境中，其发展前景和方向却变得越来越难以预测。

4. 奇异吸引子作用

吸引子是一种用以刻画状态空间中长期行为的几何形式，是耗散系统长时间演化的最终归宿；从数学上讲，吸引子描写了运动的收敛类型，即当时间趋于无穷大时，从任何一个有界集上出发的非线性运动的所有轨迹都趋近于它。混沌系统中的奇异吸引子①是系统总体的稳定和局部的不稳定共同作用的产物，是混沌系统规律秩序的线索。奇异吸引子的作用是指在看似随机的结果中，隐藏着某种深刻的模式和有序。根据奇异吸引子的特征，可以将区域品牌的奇异吸引子解释为集群产品所面对的市场。以“瓷都”景德镇为例，陶瓷市场的变化决定了其陶瓷产业的运行轨迹。景德镇有着1700余年的制瓷史，公元1004年（景德元年），宋真宗以自己的年号将当时的昌南镇改名为景德镇，并在此设官窑、烧御瓷，逐步形成了全世界烧造延续时间最长、规模最大、工艺最精湛的官办瓷厂和民间窑厂，“御瓷”市场的大规模、长时间地存在逐步奠定了其在历史上的瓷都地位；1949年以后，陶瓷的制作和生产归到当时的轻工部管辖，轻工系统的性质要求生产大众化，因此，中国的陶瓷出现了独特的进程，全国陶瓷产区包括景德镇大都发展日用瓷，使景德镇的传统优势发挥不出来；改革开放后，原本制瓷基础薄弱的广东潮州依靠海外市场，迅速成为全国陶瓷出口量最大和生产规模最大的陶瓷产区，以至于冲击到景德镇的“瓷都”地位。

5. 分形结构

分形（Fractal）原意是“不规则的、分数的、支离破碎的”物体。在混沌学中，分形特指具有自相似性的系统某种结构或过程的特征从不同空间或时间尺度上看都是相似的，即组成部分以某种方式与整体相似形体的一个集合。分形作为一种研究自然界和人类社会中的“复杂”和“不规则”事物的方法，旨在说明混沌系统具有内在的分形结构，在无序中存在着结构上的秩序，从而使得系统短期预测成为可能。“区域品牌”的称谓一般由区域属性（空间范围，如“中国、华夏”等）、产业属性（产业集群，如“瓷、笔”等）、品牌属性（声誉影响，如

---

① 哈肯将奇异吸引子比喻为毛线团，毛线团整体上始终处于稳定、有界的球体内，但内部交互缠绕、无限制地折叠又永不重合。奇异吸引子是有界的，系统的状态在吸引区向奇异吸引子汇聚，确保了它在整体上的稳定性和收敛性。同时，奇异吸引子又局部不稳定，轨道会急剧分离，快速跃变到下一轨道，这是“奇异”所在（甘德安、杨正东，2010）。

“都、乡”等）组成，这一称谓反映了区域品牌的要素构成，也是区域品牌的分形特征所在。

三、基于“竞合—分岔—协同”机制的区域品牌发展策略

区域品牌研究现已超越营销应用的狭窄界限，涉及许多在以往的市场营销和品牌化研究中极少受到关注的学科领域，比如社会学、历史学、政治学等，因此，区域品牌化研究所涉及的学科领域具有广泛性的特点并呈现多学科交叉的趋势。在从系统科学的角度为区域品牌发展寻求更深刻、更科学的作用机理的同时，将开展对系统科学理论，特别是系统科学的应用理论研究，尝试通过完善集群竞合下区域品牌特色建设和区域品牌再定位等手段，探讨区域品牌协同共生模式，寻求“区域品牌之争”系统科学的解决办法，推动区域品牌更好地服务区域经济发展。

在一个系统中，内部要素的运动必然存在两种类型：一是要素之间杂乱无章的无规则运动，这种运动缺乏规律性，将会导致系统整体上看起来变得更加无序，从而进入混沌状态；二是要素之间相互促进、相互影响的有序运动，这种运动具有一定的规律性，能够促使系统逐渐走向稳定状态，而这种状态就是“协同”的结果。为什么相同的要素会有两种截然不同的运动轨迹？因为在分岔点处，系统面临的是“选择机会”。一些“选择”会导致系统“混沌”产生“非稳”，而一些“选择”会使系统“秩序”处于“稳定”（王明贤，2010）。因此，面对混沌问题，找到系统演化分岔点，引导系统正确选择极为重要。

（一）“竞合—分岔—协同”运作机制

“分岔是系统各部分与系统及其环境之间的内禀差别的表现”（普利高津，2003）。系统之所以会产生分岔，其主要原因是系统内各组成要素（组分）对物质、能量、信息及资源等争夺的内部竞争。它们相互竞争的结果会导致各子系统间的关系更复杂，促使系统趋于非平衡和非线性的程度加大，以至子系统“随机性”地向不同的方向演变发展，

最终会进入混沌态。我们姑且将这种运动轨迹归称为“竞争—（随机性）分岔—混沌”的演化机制（见图4-4）。因而，系统要改变混沌态，必须将系统的随机性分岔行为引导转为选择性分岔。系统选择性分岔的实现机制是竞合博弈。

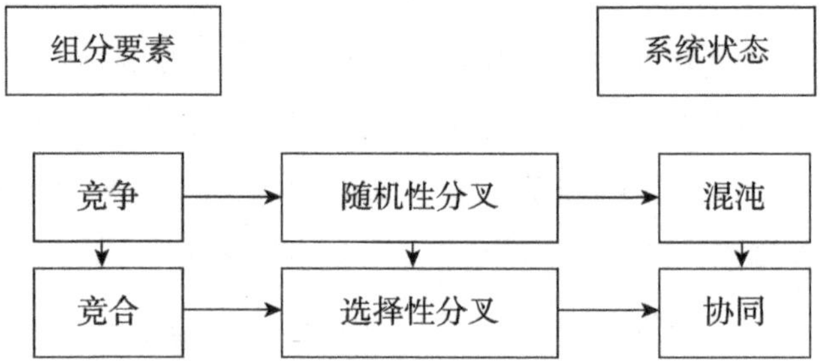

图4-4 系统演变的动力与过程

为什么竞合博弈能推动系统由随机性分岔转向选择性分岔？其主要原因有三：一是博弈双方几乎掌握完全信息。洪军（2005）认为，在现实中，特别在网络组织里博弈双方通常能就竞合问题进行多次深度的交流，以获取对方的特征、战略空间及支付函数的相关知识等信息。二是行动类型多属重复博弈。网络组织中博弈参与人都观测到博弈的历史，只要网络竞合关系不破裂，就会进行多次博弈。三是竞合能产生合作剩余。竞合博弈改变了“零和博弈”的对抗性竞争，强调资源整合和合作剩余的产生与分享。在Brandenburger和Nalebuff（1996）出版的《竞合战略》一书中，认为竞合是关于创造价值与争取价值的理论，而创造价值的本质是合作的过程，争取价值的本质是竞争的过程。行为人到底选择哪种策略，关键是这种策略能否给他带来更大的收益。假如不合作收益为D，合作收益为X，选择合作必须满足X>D。合作剩余或合作效应的源泉来自合作可以提高资源互补或提高资源配置的合理程度。追求合作剩余，是合作竞争的主要动力（胡宪武，2010）。因此，竞合博弈能促使子系统在分岔点有选择地向有序方向演化，从而形成某种协同一致的新形态的系统结构。在此，可以将这种运动轨迹理解为系统的

"竞合—（选择性）分岔—协同"演化机制。

（二）集群区域品牌的"竞合—分岔—协同"发展策略

改变区域品牌的混沌状态，首先，改变区域品牌的竞争方式，变竞争为竞合；其次，在竞合过程中，引导同质区域品牌向不同方向有选择地分岔；最后，推动分岔的区域品牌错位竞争和协同发展。具体发展策略如下。

1. 让竞合成为区域品牌的集体意愿

通常，竞争是"零和"，竞合才可实现双赢，各集群区域只有充分认识到区域品牌竞合的重要意义，才能"和平共处"并协同发展。例如，福建德化为推动陶瓷产业合理定位和更好发展，2011 年组团到景德镇、醴陵、唐山、淄博等地参观学习，2012 年赴江苏宜兴、浙江龙泉、台湾新北等主要陶瓷产区参观考察，从而确立了日用陶瓷艺术化、工艺陶瓷生活化的发展目标。这一目标定位明显具有独特性，如果各个集群区域都能像这样，在确立品牌定位前与竞争地区加强合作交流，将会大大减少区域品牌的混沌现象。

2. 使分岔成为区域品牌的主动选择

分岔和选择是竞合系统自组织演化的主要途径，其中，分岔意味着系统在发展演化过程中所面对的多种可能的发展路径，而选择则是指系统的演化必然沿着某一条给定的路径来进行。在产业集群适应性分岔后，区域品牌应主动跟进，及时做出调整，从而避免误导行业市场和集群企业对自身的评判。区域品牌分岔可以从命名开始。区域品牌背后支持的产业有其相同的地方，也存在很大差异，相同点是都属于某一产业大类，差异点是各属于产业大类中的某一品类。仍以陶瓷行业为例，那些"瓷都"虽然都生产陶瓷，但各有主次，或以艺术陶瓷为主，或以卫生陶瓷为主，或以建筑瓷砖为主，各有千秋，因此，根据分岔理论，在区域品牌命名时应该将这些差异反映出来。还有如浙江省桐庐县分水镇，2002 年被中国轻工业联合会和中国制笔协会授予"中国制笔之乡"荣誉称号后，制笔产业获得了飞速发展。2011 年，分水镇被中国轻工业联合会和中国制笔协会授予“中国圆珠笔制造基地”称号。

3. 把协同作为区域品牌的共同追求

协同（Synergy）是指系统内部各要素之间相互协调、合作或同步的联合作用或集体行为。协同与协调的不同在于，协调泛指对系统内外各种关系的正确处理，而协同则强调对内部单元的组织系统结构关系加以辨识，以确立各自的最优应对，从而显示出一种整体效应。区域品牌的协同一般发生在同质的但有差异的品牌之间，也只有这类区域品牌才能实现错位发展和协同效应，正如作为我国陶瓷主产区的江西省，省政府批准的景德镇陶瓷工业园区、高安建筑陶瓷产业基地、萍乡工业陶瓷产业基地、丰城精品陶瓷产业基地四大陶瓷产业集群的初衷就是让它们在市场上错位竞争、协同并进。同时，还可以借助竞合协同理论，推动区域品牌间确立新型关系。目前，竞争导致同类区域品牌双方处在一种对立的紧张关系之中，互不承认。我们认为，同类区域品牌间不该是“你死我活”“你下我上”的冲突与矛盾关系，而应是一种互相学习、互相借鉴、互相提高的兄弟般的竞合协同关系，因此，必须设计一种新的沟通方式，改变区域品牌利益各方（企业、行业协会、政府）的发展理念，引导同类区域品牌朝着良性互动的竞合关系发展。

4. 建立国家层面的区域品牌命名体制

目前，对区域品牌的管理，特别是在对区域品牌的授予上有些混乱。如有“中国瓷都”之称的有景德镇、福建德化、广东潮州三地，此外，还有“中国北方瓷都”“中国西部瓷都”等称号，难免让人不知哪个才是中国瓷业的真正代表。“瓷都”现象并非个别，还有“鞋都”“药都”“铜都”等更多的“都”“城”之争。随意“封都”不仅不能给拥有区域品牌的地区发展指明出路，反而会给行业市场带来新的混乱。因此，必须在国家层面上，从授予机构资质、授予标准、授予程序、授予有限期、名称准确度（都？城？地？）等方面做出明确规定，以规范区域品牌的授予和管理行为，推动区域品牌的有序发展。

借助混沌学中的分岔、分形和协同研究区域品牌问题，能够改变传统的区域品牌中忽视混乱出现，把混乱出现看成是失误、是偶然，把区域品牌中的“看似恶性竞争”看成是失败等诸如此类现象，并从演化机制上剖析问题，得到在同质区域品牌之间竞争是必然的，竞合是可取的，分岔是有技巧的，协同是可期的等一系列认识，从而推动区域品牌健康、科学发展。

四、实践探索：浙江分水镇区域品牌在制笔产业集群分岔中的动态调整

（一）中国制笔产业集群与区域品牌的发展现状

中国制笔协会、中国文房四宝协会等行业协会为加快发展我国制笔行业，加速建设制笔强国，开展了“发展我国制笔行业特色区域经济”活动，之后出现了中国制笔之都、中国制笔城、中国制笔之乡、华夏笔都、中国制笔生产基地、中国文具之都、中国制笔工贸基地、中国制笔工业基地（中国制笔中心）等制笔特色区域经济。据《消费日报》记者张丽娜（2019）报道，2018 年制笔业现有 12 个各具特色的产业集群，在技术推动、信息服务、市场建设、教育培训、品牌建设、知识产权保护等方面发展迅速，促进了各地方制笔工业化进程和城镇化建设，对我国制笔产业结构调整和行业整体水平的提升都起到了积极的推动作用。2018 年，全国 12 个制笔产业集群已实现工业总产值 325.9 亿元，占全行业的 82.85%，实现销售收入 335.8 亿元，占全行业的 85%，实现出口交货值 94.86 亿元，占全行业的 54%，企业数量达 2300 多个，从业人员有 14 万人之多，占全行业总人数的 70%左右（见表 4-1）。这些特色区域逐渐形成了一条制笔产业带、制笔经济圈，有力地推动了整个制笔行业的发展，使中国的制笔业大步走向世界。

表 4-1　中国制笔产业集群与区域品牌

序号	授牌时间	区域品牌称谓	主打产品	产业集群所在地
1	2002 年	中国制笔之都	水彩笔、圆珠笔、铅笔、荧光笔等	浙江省温州市（龙湾区）
	2018 年	“龙湾制笔”		
2	2002 年	中国制笔之乡	圆珠笔、水性笔、中性笔、金属笔等	浙江省桐庐县分水镇
	2012 年	中国圆珠笔制造基地		
	2018 年	中国礼品笔之都		
3	2004 年	华夏笔都	毛笔	江西省进贤县文港镇
4	2005 年	中国制笔生产基地	铱金笔、铅笔、记号笔、宝珠笔等	浙江省丽水市
5	2005 年	中国制笔工贸基地	圆珠笔黄铜笔头	浙江省义乌市
6	2008 年	中国制笔中心	中性笔、考试用铅笔、自动铅笔等	上海市奉贤区
		中国制笔工业基地		
7	2010 年	中国制笔研发制造基地	硬笔	广东省韶关市始兴县
8	2010 年	中国铅笔生产基地	铅笔	浙江省丽水市庆元县
	2014 年	中国铅笔第一镇		庆元县竹口镇
9	2003 年	中国毛笔之都	毛笔	浙江省湖州市
	2004 年	中国湖笔之都		湖州市善琏镇
10	2005 年	中国文具之都	以制笔为主体	宁波市北仑区
11	2009 年	中国文具生产基地	各种笔	汕头市
12		中国铅笔之乡	铅笔、铅笔板	黑龙江省尚志市元宝镇元宝村

1. 中国制笔之都——温州

温州市制笔业起步于 20 世纪 80 年代初，主要集中在温州市开发区、龙湾区蒲州街道辖区内的上庄、屿田两村，制笔产品有水彩笔、活动铅笔、圆珠笔、自来水笔四大系列达 100 多个品种。经过近 30 年的发展，温州市从原先的家庭作坊式生产发展成为现在的公司化、集团化大规模生产经营格局，已成为全国笔类产品的生产基地和销售集散中心。温州市制笔业生产规模大、协作配套强、技术创新快、品牌群体大，市场营销辐射面广，被国内外众多同行关注。温州市于2002年9月正式被中国轻工业联合会、中国制笔协会授予“中国制笔之都”称号，并于3年后通过复评。中国轻工业联合会、中国制笔协会专家于2010年对“温州——中国制笔之都”区域品牌进行二次复评，温州市成功蝉联“国字号”，区域品牌成长性获得认可。

2018年，“中国制笔之都——温州”的核心生产区——温州市龙湾区“龙湾制笔”获评浙江省区域名牌。据了解，浙江区域名牌是在省内特定区域基于某一产业集群所形成的具有相当规模、较大市场占有率、较高知名度和美誉度等优势的某一产品或某一类产品的集体名牌。其评定标准门槛很高，从标准建设、龙头企业数量、自主创新能力、名牌产品数量、销售产值、服务配套、行业协会等方面都有具体要求。据介绍，龙湾区制笔行业作为龙湾区具有传统优势的轻工产业，现有制笔企业180多家，年总产值超40亿元，年产量150亿支，为全国规模最大、品种最全、品牌最集中的制笔生产基地，曾获“中国制笔之都”称号，并拥有国家级“集体商标”1枚、中国驰名商标1个、中国制笔行业名牌产品31个，同时荣获“温州市优质产品生产示范区”“浙江省制笔专业商标品牌基地”等荣誉称号。这次获得浙江省区域名牌，将会进一步推动龙湾区制笔产业开展新一轮技术改造，实现产业转型升级，加快龙湾重点行业的发展。2019年8月，浙江省商务厅审核确定龙湾区制笔产业获批省级产业集群跨境电子商务发展试点。

2. 中国制笔之乡——分水镇

浙江省桐庐县分水镇自20世纪70年代末开始生产“竹杆”圆珠笔，而后慢慢转向生产塑料圆珠笔笔杆、笔芯，如今是国内圆珠笔生产基地和销售中心之一。2002年，中国轻工业联合会、中国制笔协会授予其“中国制笔之乡”称号；2012年11月，分水镇被授予“中国圆珠笔制造基地”称号；2018年，分水镇又被中国制笔协会授予“中国礼品笔之都”称号。

分水制笔企业的工业化协作配套体系比较健全。经过多年发展，已形成笔类制造、制笔零部件、制笔表面处理、制笔模具加工包装、专业运输、设备、原材料供应、制笔专业市场等配套体系。几百家企业分工细、合作程度高，真正形成了浙江块状特色区域经济。分水镇制笔企业为镇上及周边地区的闲置劳动力提供了大量的就业岗位，带动了经济社会及各项事业的全面发展。

3. 华夏笔都——文港镇

江西文港镇是一座文化古镇，是北宋著名词人晏殊的故乡，因生产毛笔历史悠久而享誉中外。文港制作、生产毛笔的历史有 1600 余年，唐朝初期已有笔市，清朝时其毛笔生产进入鼎盛时期。当时全国出现了生产毛笔的四大家，文港镇就占了两家：周虎臣笔庄和邹紫光阁笔庄。2004 年，中国轻工业联合会、中国制笔协会、中国文房四宝协会正式授予江西南昌文港“华夏笔都”荣誉称号，使文港成为江西红土地上的又一名都。“华夏笔都”这一响亮的区域品牌花落文港，为文港制笔业树起了一座崭新的里程碑，也为文港制笔业的发展开创了新纪元。中国制笔协会对文港“华夏笔都”称号分别在 2012 年、2017 年通过了第二次、第三次复评。

为应对全球危机的影响，摆脱制笔业面临的困境，文港镇大力推行“品牌工程”，着力打造文港文化用笔品牌，提升产品的市场竞争力，促进制笔业进入良性发展轨道。生产规模小、品牌意识淡、市场竞争力不强，一直是制约文港笔业发展的瓶颈。针对这种情况，文港镇从强化宣传入手，经常开展商标知识宣传活动，运用典型事例引导生产经营业主逐步树立市场意识、质量意识、品牌意识。截至 2018 年，文港镇规模以上制笔企业达 13 家，江西省著名商标 12 件，南昌市著名商标 5 件；并且在 2018 年，文港镇毛笔产量达 7.8 亿支，产值为 23.15 亿元，毛笔及相关文房四宝商品占据全国 75%的市场份额。2019 年，文港镇有毛笔作坊 2000 余家，相关从业人员 2 万多人。

4. 中国制笔生产基地——丽水

丽水的制笔业从 20 世纪 70 年代开始在国内就享有较高的知名度。

经过多年的市场打拼，丽水制笔企业已经建立了比较健全的市场营销网络体系和原材料、半成品、成品供应及零件配件制造专业化协作与配套体系，初步形成了以金属笔、铅笔、记号笔为支柱的块状型产业格局。如今，丽水已成为全国最大的记号笔和自来水笔生产基地。以市场为导向、以技术进步为动力、以招商引资为手段，丽水为制笔生产基地的建设打造了良好的平台。2005 年，中国轻工业联合会、中国制笔协会授予丽水市“中国制笔生产基地”称号，这一称号促使丽水制笔业实现了原材料、资金、技术、人才、市场等生产要素的优化配置，引导制笔企业走上“小而专、小而精”的道路。截至 2018 年年底，丽水市制笔行业及相关配套企业有 80 多家，规模以上的企业有 37 家。年产值 5000 万元以上的企业有 11 家，年产值 1 亿元以上的企业有 8 家。2018 年，丽水市文具制笔行业实现工业总产值超 30 亿元，销售收入 29.11 亿元，利税总额 2.771 亿元，产品出口 7650.8 万美元。2019 年，中国轻工业联合会、中国制笔协会继续授予浙江省丽水市“中国制笔生产基地·丽水”称号。

5. 中国制笔工贸基地——义乌

制笔行业是义乌的龙头产业之一，与其他制笔特色区域相比有着更为鲜明的特征。2005 年 10 月由中国轻工业联合会、中国制笔协会授予义乌“中国制笔工贸基地”荣誉称号，2008 年通过复评。2011 年年产值达 28.5 亿元，不仅有固定的原辅材料供应渠道，而且零部件制造、半成品和成品生产一应俱全。

作为中国制笔工贸基地，“工”和“贸”两方面的优势成为义乌制笔业的核心竞争力。“工”指的是笔制品的生产，义乌制笔业的生产已经形成了一定的规模和集群优势，“贸”则指产品的销售，义乌制笔产品远销欧美、日本、东南亚和中东各国。义乌还专门成立了我国最大规模的制笔专业商贸市场，这个市场堪称中国制笔业的“晴雨表”。

义乌制笔业的发展是伴随着改革开放小商品市场的蓬勃兴起和快速扩张，成为中国制笔区域经济的一张名片——中国制笔工贸基地，其具有典型和优势的制笔产业是量大面广的圆珠笔黄铜笔头加工，2019 年义乌黄铜笔头年产量达到 160 亿只，已占全国的 85%左右。

6. 中国制笔工业基地、中国制笔中心——奉贤

上海是中国制笔产业老工业基地，奉贤区的制笔企业相对集中，区内主要包括书写工具、笔类文具、笔类零件加工三大类企业，目前已形成完整的制笔工业产业链，笔类产品的产销及出口创汇等实现大幅增长。英雄、永生等上海老牌制笔企业伴随了中国几代人，如今则拥有晨光、文正等为龙头的现代企业，这些企业不断地进行结构调整，深化名牌战略，引导着制笔行业的发展。

2008 年，“中国制笔中心”和“中国制笔工业基地”落户上海市奉贤区，在晨光工业园挂牌成立。2018 年，中国轻工业联合会、中国制笔协会继续授予上海市奉贤区“中国制笔工业基地（上海 · 奉贤）”称号。与此同时，“中国制笔工业基地”的企业品牌“M&G 晨光”的产品畅销全国各地，中性笔等多个产品在国内市场的占有率连续多年排名第一，中性笔、考试用铅笔、自动铅笔等连续多年销量排名国内第一，“M&G 晨光”是国内制笔领域第一品牌，在国内文具领域有着举足轻重的地位，并注册多个国际商标，产品直接出口欧亚美 40 多个国家和地区。

7. 中国制笔研发制造基地——始兴

中国（始兴）制笔研发制造基地项目由中国制笔协会、广东省韶关市始兴县人民政府、盛怡实业（韶关）有限公司三方共建，于 2008 年 8 月启动，2010 年 10 月，该基地被中国轻工业联合会授予“中国制笔研发制造基地”称号，成为华南地区目前唯一一个硬笔制造基地，全国第九个硬笔制造基地，我国首个具有研发功能的制笔研发制造基地，2015 年 9 月成功通过复评，继续被中国轻工业联合会授予“中国制笔研发制造基地”称号。中国（始兴）制笔研发制造基地规划建设用地 2000 亩，按照“三区、二心、一馆”的整体布局，分期建设生产加工区、物流配送区、生活商务配套服务区、产品设计研发检测中心、展示博览中心及书法文化博物馆等。截至 2019 年 12 月，已开发建设

1200多亩，有20家企业相继落户，基地产业集群初具规模。

8. 中国毛笔之都——湖州

湖州毛笔简称“湖笔”，是毛笔中的佼佼者，以制作精良、品质优异而享誉海内外，已成为毛笔的代名词。湖笔历史悠久，技艺精湛，素有“毛颖之技甲天下”的美称。和湖笔紧密相连的中国书画，与中国京剧、中国医学齐名，同为中华民族的三大国粹，是中化民族文化的精髓。湖州市善琏镇是中华“文房四宝”湖笔的发源地，享有“湖笔之都”的美誉。湖笔中有“天官”“善琏”“双羊”“王一品”等享誉国内外的著名品牌。

2003年，中国工艺美术协会授予浙江省湖州市“中国毛笔之都”荣誉称号，并于2008年通过了复评；2004年，善琏镇被中国轻工业联合会、中国文房四宝协会命名为“中国湖笔之都”；2010年，中国轻工业联合会、中国文房四宝协会又向湖州市授予“中国毛笔之都”荣誉称号。2014年，“中国毛笔之都·湖州市”“中国湖笔之都·善琏镇”分别通过专家复评。2015年，浙江首批特色小镇之“湖笔小镇”花落善琏，2018年，湖笔小镇获得验收命名。湖笔不仅是中华文明历史长河中的一朵奇葩，更是湖州文化的投影与骄傲。

9. 中国铅笔生产基地——庆元县

1978年，庆元县第一家铅笔行业乡镇企业——浙南铅笔厂成立。这是浙江省的第一家铅笔厂，1999年5月，浙南铅笔厂改制成功，成为庆元铅笔产业的“孵化器”，一大批员工离开铅笔厂，开始自己办厂，庆元铅笔进入了“群雄逐鹿”的新时期。截至2018年，庆元铅笔行业有企业40余家，从业人员6800多人。

2010年，中国轻工业联合会、中国制笔协会授予庆元县“中国铅笔生产基地”荣誉称号；2014年，庆元县竹口镇荣获“中国铅笔第一镇”。2017年，庆元实现行业总产值20.45亿元；铅笔总产量达60多亿支，占全国铅笔总产量的27.84%，产品主要出口欧美、东南亚等国家和地区。2017年，中国唯一一个国家级出口铅笔质量安全示范区也落地庆元；同年，中国轻工业联合会授予庆元“中国轻工业特色区域和产业集群创新升级示范区”称号。2018 年，庆元县铅笔生产基地获国家级外贸转型升级基地称号。2018 年，庆元县委、县政府争当全球铅笔行业的领跑者，努力把庆元打造成“全球铅笔制造之都”。

除了上述的 9 个制笔产业集群外，还有以下 3 个制笔产业集群。

（1）“中国文具之都”——宁波市。中国轻工业联合会、中国文教体育用品协会和中国制笔协会在 2005 年联合授予宁波市“中国文具之都”特色经济区域品牌称号，并分别于 2008 年、2011 年、2015 年、2020 年顺利通过复评，其中，北仑区文具具有以制笔为主体的专业化极强的特征，对相关行业的推进作用十分明显。

（2）“中国文具生产基地”——汕头市。2009 年，中国轻工业联合会、中国文教体育用品协会授予广东省汕头市“中国文具生产基地”称号。汕头文具业以产品种类齐全著称，从各种笔、PP 文具（包括文件夹、文件柜）到簿本、计算器、胶水等一应俱全。区域内一些企业获得了“中国制笔名牌”“中国制笔王”等称号。

（3）铅笔制造业重镇——元宝村。黑龙江省尚志市元宝镇元宝村堪称中国乃至世界铅笔制造业重镇，目前国产铅笔中每 4 支就有 1 支产自元宝村。在最高峰时，元宝村村办企业年加工铅笔 23 亿支，从业人员达到 3500 人。2018 年，这里依然占据着国内铅笔制造的一半产量。

（二）分水镇制笔产业集群的发展概况

分水镇地处桐庐、富阳、临安、淳安四县交会腹地，是浙江省小城镇综合改革试点镇和省级中心城镇，是桐庐县的副中心。行政区域面积为 299.37 平方千米，辖 26 个行政村、2 个社区，城镇建成区面积为 5 平方千米，截至 2018 年年底，分水镇域户籍人口约 5.3 万人，流动人口约 2.3 万人，总人口近 7.6 万人。据《钱江晚报》报道，截至 2019 年 9 月，分水镇拥有制笔及配套企业近 900 家，产值达 64.5 亿元，生产各类圆珠笔、水性笔、中性笔、金属笔，远销北美、欧洲、中东、东南亚等地，其中约 10%出口美国。制笔业是分水镇的特色经济。分水制笔业始于 20 世纪 70 年代，从产业/产品演化过程来看，可以分为若干个阶段。

1. 生产圆珠笔初级阶段

这一阶段大致分为两个小阶段：竹杆套圆珠笔阶段和塑料套圆珠笔阶段。一是竹杆套阶段。1974 年，杭州圆珠笔厂刘姓供销科长来儒桥村探望其女儿时，发现当地农家当柴烧的小竹杆很适合用来制作笔杆，便帮助儒桥村小学办起圆珠笔加工点，职工 5 人，发动学生上山砍竹、洗竹，生产圆珠笔杆，年产值达 3000～4000 元。二是塑料套阶段。1980 年，受一客户的启发，改制塑料笔杆，并到上海购进铁钩挂等配件，生产圆珠笔，年产值达 20 多万元，产品销往江西文港市场。1981 年，同镇的东关村瓶盖厂请来师傅，自制模具，加入生产塑料圆珠笔行业。1982 年，儒桥村圆珠笔厂到义乌小商品市场设摊销售。1984 年，儒桥村把圆珠笔厂转制给私人。同时，一家一户的作坊也在相互模仿中诞生了，分水制笔业从此进入一个新的发展阶段。在政府的引导和扶持下，制笔主导产业的地位也逐步确立。制笔企业开始向工业区集聚，生产规模不断扩大，产品质量稳步提高，外贸产品开始增多。

2. 产品系列化阶段

以 2002 年年底“中国制笔之乡”命名为标志，分水制笔业进入一个新阶段。从一家一户到小企业大集群；从家庭作坊向园区集约；产品从单一的生产笔杆到圆珠笔、水笔、中性笔三大类 1000 多个品种；从单一市场到多元市场、立体营销网络。生产规模越来越大，专业分工却越来越细，逐步形成了具有鲜明特色的区域经济。截至 2012 年，分水镇共拥有制笔及配套企业 827 家，分水笔业产值 44.33 亿元，占分水镇工业总产值的 68%，年产笔 66 亿支。2014 年，分水镇产品系列更加丰富，生产的圆珠笔、中性笔两大系列共 3000 多个品种，全行业实现销售收入 59.8 亿元。

3. 品牌化运作阶段

虽然制笔行业也面临着低端制造业的种种困境，但在分水镇政府的带领下实施了一系列举措，“云丰”“远成”“广众”等产品品牌已被评为杭州市名牌，“华奇”终于成为分水第一家浙江省著名商标，创建制笔科技创新服务中心、兴建笔业专业市场……分水的制笔企业正走上转型升级的道路。2009 年，镇政府组织成立浙江五云山文化用品有限公司，“五云山”作为集体品牌应运而生。五云山是浙江西部群山中的第三座大山，位于分水镇南隅。相传唐元和年间山顶五色云起，时人以为吉兆，故为其命名“五云山”。义乌是分水制笔走向全国和全世界的重要窗口，为了在义乌打响分水制笔的区域品牌，政府出资租下了两间商铺，主要由分水镇热心打品牌的华奇和派得利两家公司运营，主推“五云山”这个品牌，通过打造这个“集体品牌”来带动分水镇当地企业的品牌提升。此外，还专门成立了分水知识产权维护工作站，制定了《桐庐县制笔行业产品和技术维权公约》，并借助制笔协会和专业民间打假队的力量。2011 年，分水制笔企业新增专利 444 项；截至 2011 年年底，分水制笔企业专利总拥有量为 3314 项，已成为杭州市专利拥有量最多的乡镇之一。2012 年，分水文具电子商务协会成立，分水制笔业由此正式“抱团”，进入电子商务商业运行模式。协会成立以后，将整合资源为企业拓展销售渠道、把握市场新动态搭建一个新的平台，协会将以一年内发展 100 家天猫商城，500 家网上店铺为目标，实现一年内销售收入亿元的突破。

4. 区域品牌升级阶段

分水镇在 2002 年获得“中国制笔之乡”称号之后，2012 年又被授予“中国圆珠笔制造基地”称号，2018 年再被授予“中国礼品笔之都”，分水镇区域品牌名称的变化反映了其支撑产业集群的升级。据 2018 年第五届中国笔业博览会上的信息，中国 90%以上的礼品笔从分水镇销售出去。国内著名咨询公司零点有数的创始人袁岳曾在博客中写道，他到企业讲课，很多时候，企业会送给他各种各样的“礼品笔”，最多的时候，一年里收到的礼品笔超过了 200 支，礼品笔普遍价格在一支在 200~300 元，甚至有些笔的单价高达 40000~50000 元。袁岳先生讲的这个现象说明，礼品笔存在着巨大的市场。而且礼品属于企业形象与涉及人际关系核心感受的事情，企业通常愿意在这方面支付费用。

（三）分水镇区域品牌再定位：由“中国制笔之乡”向“中国圆珠笔制造基地”“中国礼品笔之都”的嬗变

定位就是从预期客户的头脑中给自己的产品确定一个位置。品牌再定位（Repositioning）是由“定位之父”特劳特和里斯提出来的。所谓再定位，就是对品牌重新定位，旨在摆脱困境、使品牌获得新的增长与活力。它不是对原有定位的一概否定，而是企业经过市场的磨炼之后，对原有品牌战略的一次扬弃。品牌定位与品牌再定位的基本方法是一致的。有关定位的理论方法，目前较为经典的是市场营销学中的STP营销理论，即市场细分（Segmenting）、选择目标市场（Targeting）和市场定位（Positioning）。马向阳、陈琦和郑春东（2010）提出，区域品牌较为适用SIC定位方法，即空间定位（Space Positioning）、产业定位（Industry Positioning）和品类定位（Category Positioning）。空间定位是要确定集群区域的辐射范围和影响范围，即它是多大范围的中心；产业定位是找到区域内具有独特优势的产业和产业集群，即它是一个什么样的中心；而所谓品类定位是指消费者选择某种商品或服务获得的单一利益点，即区域品牌能给消费者带来什么独特的利益。因此，将一般产品的STP定位方法及区域产品特殊的SIC定位方法结合起来，便是分水镇制笔产业集群区域品牌定位的有效方法（见图4-5）。

中国各个制笔产区经过多年的发展，基本都形成了一定的规模和实力，如果各区域继续以毫无特色的“笔都”“制笔之乡”等品牌形象展现给社会，显然已不合时宜。鉴于此，分水镇提出由分水镇政府、中国制笔协会、中国轻工业联合会三方共建“中国圆珠笔制造基地”，上述两个协会于2011年7月5日至7日赴浙江省桐庐县分水镇对其申报进行实地考评，2012年11月，中国制笔协会、中国轻工业联合会授予分水镇“中国圆珠笔制造基地”称号。这标志着分水镇制笔业即将进入一个发展新时期。

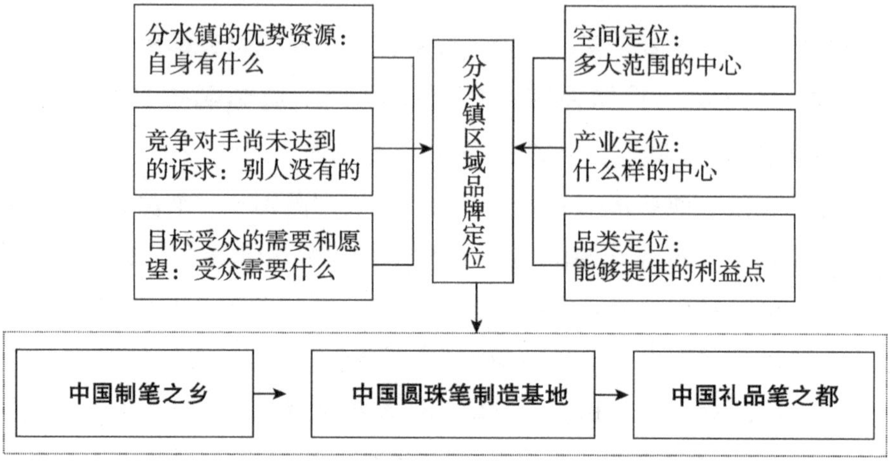

图 4-5　STP 与 SIC 的分水镇区域品牌定位变迁

分水镇由“中国制笔之乡”向“中国圆珠笔制造基地”的嬗变，看似是名称上的小变化，其实是区域品牌再定位的精准化，是分水制笔主动竞合、分岔的结果。在这之前，分水制笔业不仅是圆珠笔，其他类型笔发展得也还可以，已基本实现从原料供应、元件配套、模具设计、加工生产到产品包装、营销一条龙，曾经成功开发出圆珠笔、中性笔、水性笔三大系列 500 多种产品，年产销各类笔达到 25 亿支。除 400 家制笔企业外，还有许多的相关企业。其中，专业制模企业有 40 余家，拉丝、弹簧等配件生产企业有 30 余家，专业销售企业达 60 余家，原材料供应商近 10 家，电镀、印花等后期加工企业达 20 余家。在 2005 年金大笔业与意大利 LEECE 公司成功开展笔业合作；中国台湾蓝带科技有限公司投资项目首次落户；韩国联傲文具与分水镇企业合资合作生产商标水笔；西班牙 STYB 公司与新富文具有限公司签订了正式合作协议，两条世界目前最先进的制笔流水线将投入生产。这些充分说明分水镇制笔业品种齐全，实力不凡。

然而，仔细分析发现，在 2012 年前后，分水镇制笔业的最大优势还是在圆珠笔领域，即产业定位和品类定位都应该放在圆珠笔生产领域。早在 2003 年 1 月，浙江省圆珠笔产品质量检测中心在分水镇工业园区挂牌，当年有 72 家制笔及配套企业进园区建厂，占入园企业的 70%。经过近十年的发展，它已具有较长的产业链、细致的社会分工、较高的专业化程度、企业关联度紧密，并逐步形成了一个以分水镇为中心的集人才、信息、技术、市场、生产、加工、配套为一体的低成本、低价位区域。2012 年实现了圆珠笔产量、制笔产业从业人员、销售产值比十年前“三个翻番”和“世界人均一支笔”的目标，使制笔业成为分水的支柱产业、桐庐的特色产业、百姓的富民产业。“随着人们的生活条件越来越好，选择的余地越来越大，就连一支小小的笔，消费者都希望能具有与以往不同的个性。”说起如何想到在笔里注入文化创意，华钏笔业总经理宋华如是说：“单纯地做传统笔，市场只会越来越小，一定要赋予它多样性、市场性、功能性，制笔产业的前景才能更加光明。”现在，分水镇越来越多的制笔企业把文化创意元素融入制笔产品设计中，诗曼、远成等制笔企业纷纷着手研发富有新意的创意笔，使仅有书写功能的传统笔集聚玩具功能、观赏功能、应用功能为一体。市场出现了“格言笔”，会变形的“汽车笔”，可以用来梳头的“圆珠笔”“愤怒的小鸟”系列圆珠笔……这些功能性强、外形新颖的笔类产品不仅受消费者的青睐，还提高了笔的附加值。

2011 年，分水镇华钏笔业与中国卡通的领军企业杭州宏梦卡通集团签约，联合开发动漫卡通系列产品。企业引进了专业设计人才，建立专业的营销队伍，并着力加大对动漫衍生笔的研发和投入，使企业效益明显提升。

2018 年分水镇又被中国制笔协会授予“中国礼品笔之都”的称号。分水镇由“中国圆珠笔制造基地”向“中国礼品笔之都”的嬗变，明显是产业集群区域品牌竞合、分岔、升级的结果。2016 年，分水镇被列入首批国家特色小（城）镇以后，提出坚持“五位一体”“三生融合”的发展思路，依托现有制笔产业基础和生态环境优势，着力发展“一主”“二辅”的核心产业体系，即以笔生产（新品研发、新技术研发、笔生产链拓展）、笔交易、笔创意（圆珠笔绘画艺术、笔和文具创意设计、新门类的笔发明）为主，以现代商贸服务和逸居度假文化为辅的第一、第二、第三产业联动发展的时尚笔业产业集群。分水镇“中国礼品笔之都”的区域品牌发展定位，是制笔产业集群“竞合—分岔—协同”的阶段性结果，既充分利用了分水镇既有的优势资源，又符合当地政府的发展理念，能够满足高端消费需求，其价值明显比“圆珠笔”要高得多，市场潜力会更大。

第五章 企业品牌与区域品牌双驱动下产业集群升级

一、产业集群升级路径的发展现状

在全球化竞争背景下产业集群风险的存在需要对产业集群升级进行研究（刘芹，2007），而产业集群升级是一个“约定俗成”的说法，并无内涵上的严格界定（吴义爽、蔡宁，2010），其路径研究目前大致从两方面展开：一是基于外部价值链攀升——“全球价值链理论”的外部拉动升级路径；二是基于地域化视角——“区域创新网络理论”的内部推动升级路径（朱海燕，2009）。

（一）全球价值链视角

从集群外部视角寻求集群升级路径的学者认为，产业集群升级的外部路径主要是通过加强与外部联系，嵌入全球价值链来实现。Ernst 等人（Ernst，2000；J. Henderson，D. Peter 和 H. Martin 等，2002）研究了全球生产网络（GPN）与区域经济发展和产业升级之间的关系，提出 GPN 中的网络旗舰企业（Network Flagship）苛刻的要求（如产品和技术标准），客观上刺激了发展中国家供应商的供应能力升级。Kaplinsky 等（2001）认为，升级主要有四种形式：过程升级、产品升级、功能升级和链的升级。Humphrey 和 Schmitz（2002）提出的升级形式包括产品升级、功能升级、过程升级和部门间升级，具体表现到某一个企业，升级路径从委托组装（Original Equipment Assembling，OEA）开始，再到贴牌委托加工（Original Equipment Manufacture，OEM），然后到自己设计制造（Own Design and Manufacturing，ODM），最后转向自主品牌制造（Own Brand Manufacturing，OBM）。Carlo Pietrobelli（2008）

分析了在全球价值链中的欠发达国家的当地生产企业的应对措施。国内学者戴勇（2009），李世杰、李凯（2010）在 Chikashi Kishimoto（2002，2003）基础上提出一系列集群升级策略，包括实施 OEM、ODM 及 OBM 的动态组合，从单纯组装向模块化升级等。

在国内，张辉（2004），文嫮、曾刚（2004）回顾了全球价值链理论二十多年的形成历程。刘志彪、张杰、刘东（2006，2007）指出在全球代工体系下发展中国家企业集群要从俘获型网络向均衡型网络转化。陈晓峰、邢建国（2013）以产业集群的内部治理和外部治理这两种不同空间尺度的治理为分析视角，指出地方产业集群要突破国际买家俘获和摆脱国内市场恶性竞争而成功实现升级，必须在内部治理上“企业发起，政企互动，协会呼应和支持”，在外部治理上“加大创新力度，嵌入高端价值环节，建立自己主导的分工体系”，在此基础上，注重内外治理的动态耦合，多维度协同推进集群升级。陈志雄、任国良（2014）提出产业集群在微观层面的升级大致遵循集群迁移式升级、集群分拆式升级与集群整合式升级三种形式。陈启斐、王晶晶、黄志军（2018）讨论了参与全球价值链能否推动中国内陆地区产业集群升级的问题，认为主动参与全球附加值贸易，可以显著地带动我国内陆地区的产业集群升级，但是作用强度要小于对东部地区产业集群的影响，发现原材料贸易对产业集群升级的帮助作用最大，生产性服务贸易的作用次之，机械设备贸易的推动作用最弱；与经济合作与发展组织（Organization for Economic Cooperation and Development，OECD）国家的全球附加值贸易活动对产业集群的提升作用要明显强于与非 OECD 国家。钱方明、宁自军（2018）构建了劳动密集型产业集群先进企业国内价值链（National Value Chain，NVC）升级能力成长模型，研究发现，劳动密集型产业集群能够依托国内市场实现功能升级并主导 NVC 治理；专业市场升级扩展集群企业群链范围及提升其价值链治理能力；地方政府通过嵌入价值链支持系统模块降低集群企业构建 NVC 的门槛。江青虎、余红剑、杨菊萍（2018）构建了核（核心企业）链（全球价值链）网

（集群网络）互动影响产业集群升级的概念模型，分析发现核心企业的知识获得和知识输出均对产业集群升级产生正向影响，在产业集群的创新与升级中发挥着主导作用。

因此，从现有文献来看，产业集群升级路径理论以过程升级、产品升级、功能升级及链的升级等为基础，以及企业嵌入的全球价值链越高端，越有助于产业集群升级。

（二）区域创新网络视角

从集群内部视角寻找集群衰退的原因及升级路径的学者们强调区域创新网络是推动产业集群升级的“原动力”。奥地利经济学家 Tichy（1998）从地方集群网络的动态演变角度，分析了集群网络由于生命周期而产生的衰败。H. Gerhard（2002）研究了“公私联合行动”式的区域创新系统。Smedlundetal（2007）指出知识密集型服务机构显著作用于集群企业创新能力的提升。邬爱其（2009）提出了超集群学习模式。朱海燕、魏江（2009），李文博、张永胜、李纪明（2010）提出发展知识密集型服务业及知识网络促进产业集群升级。阮建青、张晓波、卫龙宝（2010）发现重大危机往往会促进产业集群质量的升级。邓向荣、曹红（2016）研究发现，全球产业升级偏离比较优势程度与经济增幅正相关，生产能力累积引发产业持续创新是跨越式增长的重要原因；因而建立产业进入退出机制以集中国家优势推进装备制造业等产业关键技术与共性技术研发，成为中国转型升级路径的必然选择。吴松强、蔡文洁（2019）研究发现，知识溢出显著促进了产业集群升级，对企业合作亦有积极作用，企业合作在知识溢出对产业集群升级影响机制中发挥中介作用，政府的支持在知识溢出对产业集群升级影响机制中发挥正向调节作用。因此，产业集群内成员之间的知识溢出与互动学习对产业集群升级有着重要的影响。

不少国内学者从区域创新系统研究产业集群升级的路径。蔡宁、杨闩柱、吴结兵（2003），梅丽霞（2005），汪少华、汪佳蕾（2007）指出产业集群升级的前景，归根结底是形成区域创新系统。陆立军、郑小碧（2010），张永安、付韬（2010）认为区域创新系统对中小企业集群的提升具有独特作用；吴迪（2012）认为区域创新能推动产业结构的调整与优化等，并促进产业集群的发展；岳芳敏（2013）从产业组织视角，提出产业集群升级的方向是创建区域创新系统；姜江、胡振华（2013）将产业集群创新系统视为区域创新系统的重要组分，且是区域、国家和全球产业链与价值链的一个结点；吕富彪（2014）研究了区域产业集群与技术创新互动模式，指出“产业集群是技术创新发展的集聚地，而技术创新是产业集群的内生动力”；李治国、邓雅文（2015）研究了产业集群升级的动力模型，认为“产业集群是区域创新平台的载体和基础，区域创新平台是产业集群升级的推动力”等。孙卫东（2019）构建了集群协同创新模型并讨论了群内中小企业与群内其他行为主体（龙头企业等）的协同创新方式，建立了商业模式创新系统，在此基础上从构成商业模式创新系统的价值主张、价值创造、价值传递及价值获取四要素创新的角度，探讨了中小企业实现产品与服务升级、技术升级、营销模式创新、盈利模式创新及互联网+全要素升级的转型升级路径。刘刚、刘捷（2019）研究发现，在集群内部创新资源匮乏的条件下，通过构建开放的产业创新生态系统，有效连接、引进和集聚外部创新资源增加技术供给，是提升企业产品研发能力和推动产业升级的基本动力和机制。其中，创新型企业和新型研发组织的出现和发展，是传统产业集群开放型产业创新生态系统形成和发展的主导因素。

因此，产业集群的升级存在内部与外部路径（见图 5-1），内部升级根据产业集群的演化分为数量扩张、质量升级、品牌与研发升级和行业升级四个升级阶段；外部升级根据产业集群全球价值链与国内价值链双重嵌入的属性，形成外部升级路径：嵌入全球价值链低端→主导国内价值链→嵌入全球价值链高端→嵌入新价值链高端。内部升级路径各阶段的跃升是作为集成主体的产业集群与作为集成客体的外部集成单元之间吸引力的变化所推动的；价值链的升级和转换是价值链所有参与者共同形成的集成场源与作为集成客体的产业集群之间的场强和场力共同作用所推动的（孔梅英、吴秋明、王晓青，2020）。

	内部升级路径			外部升级路径
全球价值链视角的产业集群升级路径	流程升级：生产效率提升	产品升级：产品质量提升	功能升级：附加价值阶段提升	跨行业升级：转换价值链
基于产业集群演化规律的升级路径	数量扩张	质量提升	研发与品牌创新	
国内价值链视角的产业集群升级路径	围绕产业集群内产品、结构或治理进行升级			围绕价值链进行升级：NVC-GVC

图 5-1 产业集群升级路径的比较

不过，目前指导产业集群升级的全球价值链理论和区域创新网络理论的研究比较深入，渐趋成熟。然而，一些客观限制条件的存在阻碍了这两个理论发挥更大作用，以至于我国产业集群仍未走出困境。这些限制条件是：①由于产业集群构成主体的智猪博弈效应存在，以及我国中小企业模仿能力的超强性和政府对专利保护力度不够，集群区域创新网络较难发挥显著效果；②作为发展中国家，要想真正突破发达国家多年打造并业已成型的全球价值链（网），其难度很大。因此，我们必须跳出现有理论囿限，为产业集群寻求新的升级路径。在全球价值链理论和区域创新网络理论并不能很好解决我国产业集群升级问题的情况下，区域品牌在一些地区成功推动了集群发展，亟须从中探求规律性认识，以增强升级效果。

二、区域品牌建设与产业集群升级的耦合

实践表明，区域品牌与产业集群具有明显的互动关系，产业集群的发展促进了区域品牌的形成与发展，同时区域品牌对提高产业集群的竞争力和影响力也具有重要的意义。

（一）区域品牌创新驱动产业集群升级的实践分析

区域品牌创新为我国产业集群升级提供了一个新视角。梅述恩、聂鸣、黄永明（2006）研究了区域品牌通过整合技术路线和整合市场渠道促进全球价值链中企业集群升级的机理，并从区域品牌的视角，剖析了东莞大朗毛织产业集群的升级。通过 CNKI 检索发现，这是国内较早从区域品牌视角研究集群升级的文献。查日升（2008）认为创建区域国际品牌则有利于提升企业竞争力、促进产业集群升级。侯兴军、孙文华（2009）提出通过打造强势农产品区域品牌突破粗放、散户、规模效应低的发展阶段，来推动农业集群转型升级。吕丙（2009）在研究区域品牌价值的提升能促进产业结构升级机理的基础上，以嵊州领带产业结构的升级为案例进行分析，认为依托产业集群优势，打造区域品牌，是促进区域产业结构优化升级、推动区域经济转型的可行思路。张涛、熊晓云（2010）分析了区域品牌战略对广东纺织产业集群升级的驱动效应；尤振来、倪颖（2013）指出区域品牌的发展也会带动龙头企业尤其是集群内中小企业的发展；杨朝英、谢向英（2014）在研究茶叶地理标志品牌对区域茶业竞争力的影响机制时，发现建立地理标志品牌的产权保护体系，能够提升区域茶产业的竞争力；唐松（2015）认为区域产业品牌已成为促进产业集聚和产业结构升级的关键要素之一；徐明、盛亚军（2015）指出区域品牌是产业集群发展的高级形态，其形成和发展有力推动了所属行业的崛起。

区域品牌推动产业集群升级的研究呈现出系统性、全面性特征。李亚林（2012）指出，产业集群升级主要通过内部企业之间加强合作、丰富社会资本及加强与集群外部的联系来实现。由此可见，产业集群升

级的本质在于产业集群竞争力的提升与获得集群可持续发展的动力，区域品牌通过促进产业集群竞争力的提升与促使集群获得可持续发展的动力，最终实现产业集群升级。吴义爽（2016）通过理论推演和海宁皮革产业集群的案例分析发现，集群商贸平台可以立足于其与集群生产者、消费者之间的交易关系，通过平台高级化与国际化、研发包络、塑造集群品牌文化三方面的战略创业行动，策动其主导下交易网络的协同升级，进而在实现其个体利益的同时创造了集群产业架构变迁与集群升级的群体效应。集群商贸平台其实就是商品集散地性质的区域品牌。事实上，区域品牌已成为提升区域竞争力的重要途径，对于区域经济的可持续发展具有重要影响（熊爱华、邢夏子，2017）。许晖、薛子超、邓伟升（2019）以武夷岩茶区域品牌生态系统为研究对象，对其演化路径进行了系统呈现，并构建了区域品牌生态系统赋权理论框架。研究发现，区域品牌生态系统的最终目的是对区域内不同主体进行形象赋权、关系赋权及杠杆赋权。不同赋权机制之间呈现包容性迭代升级的特质，并在此基础上实现竞争优势的迭代升级。

因此，区域品牌建设可推动产业集群升级，并产生持久的推动力。在区域产品营销中，区域品牌知名度高能够提高顾客忠诚度，增加企业利润，完善集群内的产业链，从而提高产业集群的整体实力。在产品趋同、供给量极大的竞争时代，区域品牌是区域经济发展的生命线，是促进区域产业集群升级的必然选择。

（二）企业品牌、区域品牌与产业集群升级的耦合点：产品质量改进

区域品牌结构创新主要分为区域品牌的形象结构、布局结构方面的创新，两类结构是一种由内向外延展式的表达，然后从区域品牌结构创新的角度探索区域品牌提升策略。具体工作有两个：①区域品牌分岔、区域品牌形象结构创新与区域品牌诉求再定位研究。当前我国区域品牌大多诉求模糊、定位不精准，比如被誉为“中国瓷都”的地区有江西景德镇、广东潮州、福建德化等，实际上这些地区在优势陶瓷产品上各

有不同，但品牌诉求雷同。因此，非常有必要对区域品牌再定位，促使形成市场易于识别、能反映地区优势的区域品牌形象结构。与企业品牌形象主要用来吸引消费者不同，区域品牌形象不仅需要吸引消费者，还需要吸引投资者和经销商等，因此区域品牌形象已经成为涵盖产品形象、政府政策形象、经营环境形象等子形象的复合体，因而有必要根据集群的发展阶段特点和需求不同，不断提升特定的区域品牌形象。②区域品牌布局结构创新与载体布局重组研究。集群内的企业品牌是区域品牌的载体之一，通过推动多维多层品牌主体竞合博弈，优化集群价值链（网）的企业品牌布局，可提升区域品牌在成本、质量、信誉等各方面的竞争力；当务之急，要强化企业品牌与区域品牌间的品牌组合，实现双轮驱动下产业集群升级。

产业集群升级反映了集群中的产业由低技术水平、低附加价值状态向高技术水平、高附加价值状态演变的趋势和过程。产业集群升级的本质意义是在产业链上的升级，无论是新兴产业还是传统产业，其升级换代都应该逐步走出低端制造。走出低端制造，并不意味着不从事生产制造业，而是要提高制造过程的技术含量，提高产业和产品质量（邹小勇，2015）。质量是一组固有属性满足要求的程度，不仅指产品质量，也包括某项活动或过程的工作质量。在提高质量过程中，加工、组装等技术和知识含量低的环节逐步提高标准化、模块化、规模化、柔性化程度，同时带来对研发、设计和品牌、渠道建设等产业集群的内在需求，从而驱动产业结构的优化和上下游企业链条式升级。

对于产业集群而言，区域内龙头企业要巩固自己的产业地位，建立竞争优势，最基本的途径就是要保证产品质量。要保证产品质量，就要求集群中上游原材料、零配件生产企业保证其产品质量。具有质量优势的企业需要通过认证检测、广告等生产性服务业来传递产品的质量信号。在良性市场竞争中，集群内的其他企业为了生存，就必须规范内部管理，提升产品质量。正是在不断的竞争中，龙头企业率先提升产品质量，从而提升了集群企业素质，实现了产业的螺旋式升级。

菲利普·科特勒指出："品牌在本质上代表着卖者对交付给买者的产品特征、利益和服务的一贯性承诺。最佳品牌就是对质量的保证。"产品质量是品牌的根本，没有良好的产品质量，品牌将是无源之水、无本之木。市场对品牌的要求，首要的是指向质量，要求品牌企业不断地提高自己产品的内在品质，以品质赢得市场地位。从这个意义上讲，品牌创建必须紧紧盯住终端消费，从终端市场向上游市场的倒逼发展，这是当今市场创建品牌不可或缺的关键路径。

综上所述，产品质量是企业品牌创建、产业集群升级的前提条件、重要抓手，产业集群升级必须紧紧依托产品质量的改进，与此同时，品牌创建（无论是企业品牌，还是区域品牌）也必须在建立产品质量的基础上。然而，产品质量在企业品牌创建、产业集群升级所起的作用表面看来虽然相同，但由于产业集群升级、区域品牌形成是集体行为，而产品质量改进、企业品牌创建属于个体行为，因而它们的行为性质、行为动机不一样。区域品牌的形成既可能是一个自然的市场行为，也可以是一个计划的组织行为，当然，无论哪种行为，它们都有赖于产品质量的持续改进。企业品牌也是区域品牌的坚实基础，品牌建设非常强调给外界树立统一、规范的品牌形象，而为达到该要求，企业必须开展一系列的标准化工作，从而实现规范企业运作，提升企业管理水平，改进产品质量的目标。换言之，品牌创建将倒逼产品质量改进。产品质量改进后进而推动包括过程升级、产品升级、功能升级、链的升级在内的产业集群升级，由此也实现了企业品牌提升、区域品牌创新与产业集群升级的耦合，其耦合点即为产品功能完善、产品质量改进等（见图 5-2）。

狭义的耦合是指两个或两个以上的电路元件、电网络相互作用，使能量从输出一方传递到输入一方，从而实现电路的正常运作。广义的耦合为两个或以上的系统通过紧密配合使系统之间相互依赖，并达到交互

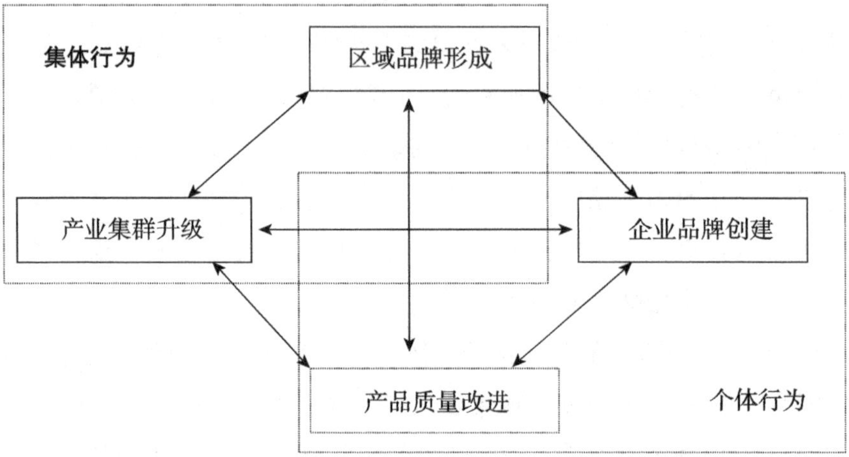

图 5-2　企业品牌、区域品牌建设与产业集群升级的耦合

影响。系统耦合①要求各要素之间表现为相互依存、相互促进的互动关系，从而使系统内部功效最大化。如果系统各要素之间相互干扰、相互制约，导致系统功能衰退甚至消失，那么就称为系统相悖。因此，要实现系统内各要素有序、稳定地发展，并向着有利方向相互协调，各子系统内部因子达到统一，在此基础上再进行磨合和交互影响，使其达到一种相对平衡的状态，实现耦合的升级。因此，当产业集群中的全体企业致力于改进产品质量，提升企业品牌和区域品牌形象，这种行为客观上将助推产业集群升级。

① 从类型上划分，耦合可分为以下 8 种。一是内容耦合：两模块之间的相互访问或程序代码重叠，使其中一个模块必须依赖于另一个模块才能进行数据修改；二是数据耦合：一个模块通过输入和输出参数实现基础数据的交换来访问另一个模块，以此达到信息传递；三是外部耦合：一个模块在访问另一个模块时，不是影响其数据结构，而是制约简单的变量，并非是以参数表为媒介的全局信息传递；四是非直接耦合：主模块是协调模块与模块之间交互作用的控制者，因此，两者是间接联系的；五是公共耦合：两个模块之间有着通用的数据环境（如通信共享区、全局数据结构、公共内存覆盖域等），且相互影响；六是标记耦合：模块组在信息传递中，通过记录子数据结构，来实现信息地址的交换；七是能量耦合：两个模块在相互作用的过程中，通过数据传递达到了能量的输入和输出；八是控制耦合：一个模块的功能受到另一个模块的控制，顺利传达控制信号，该模块得以正常运作。

三、区域品牌建设中企业品牌间竞合博弈分析

（一）非知名企业的“搭便车”现象

产业集群与区域品牌作为两个特定现象存在一定的内在关联性。区域品牌对各类经济资源具有聚集效应，从而进一步推动产业集群的发展、壮大；而产业集群的形成与发展反过来又会强化区域品牌的建设与保护。由于区域品牌具有共享性特征，产业集群内部所有企业共享品牌建设成果，所有共享区域品牌的企业理应分担区域品牌的建设成本，然而，在现实中非知名企业“搭便车”的现象经常存在：即在区域品牌化投入阶段采取等待的策略，并且占有了一部分品牌建设成果。中小企业“搭便车”的机会主义行为在现实生活中屡见不鲜，不仅在产业集群内企业协同创新活动中存在，在区域品牌塑造与建设等过程中也常有发生。非知名企业不参与产业集群区域品牌建设投入，却占有了一部分区域品牌建设成果。例如，截至2019年6月，“五常大米”这一区域品牌的地标核准企业仅218家。然而，在市场上却有大量的企业在未经核准情况下在其相关产品上使用区域产品专用标志：近年来，黑龙江省质量技术监督局查获多起擅自使用、伪造和冒用“五常大米”区域的案件，冒用“五常大米”区域的企业部分为五常当地的未获得地标核准的非知名企业。这些非知名企业采用“搭便车”的策略，等待重点龙头企业进行区域品牌建设，借助区域品牌的背书作用，享受区域品牌带来的正外部性。

（二）非合作状态下的“智猪博弈”均衡与非知名企业的决策困境

区域品牌是产业集群内众多企业品牌精华的浓缩和提炼。从企业来看，区域品牌固然是多个企业共同努力的结果，但其作用过程可以简化为两个企业之间的互相博弈。因为无论多少家企业参与了区域品牌的建设，企业之间的关系都是两两相互作用的。区域品牌下产业集群内两个企业间的博弈可分为三种情况：知名企业两两博弈、非知名企业两两博

弈、知名企业与非知名企业之间的博弈。知名企业两两博弈与非知名企业两两博弈的情况相似，只是得失矩阵的值不同。所以可将这三种情况简化为两种情形，即同类企业两两博弈、知名企业与非知名企业之间的博弈。为了研究问题的方便，我们简化研究两个企业间的博弈，并且规定这两个企业的类型：一个是知名企业，另一个是非知名企业。区域品牌共建是一种动态过程，也是一个不断选择的过程，而这些过程存在着两个基本的状态——投入与等待。

"智猪博弈"是非合作的二人有限非零和对策情形下的一个经典纳什均衡模型，由诺贝尔经济学奖得主纳什（Nash）、泽尔腾（Selten）、海萨尼（Harsanyi）等人将博弈论的方法引入经济决策中所提出。"智猪博弈"模型适用于分析知名企业和非知名企业之间的关系。假定有一个知名企业 A 和非知名企业 B 共同参与区域品牌建设，R 为当企业对区域品牌建设有所投入时，建成区域品牌带来的品牌溢价，c 为企业对区域品牌投入的建设和维护成本。由于双方地位不对称，对于品牌溢价按某一比例进行分配。假设 ω_p（$p=1$，2，3，4）（$0<\omega_p<1$）表示知名企业和非知名企业共建区域品牌的四种参与情形下，知名企业 A 在品牌溢价中所占的分配比例。知名企业和非知名企业共建区域品牌的四种参与情形为：$p=1$ 时，知名企业参与而非知名企业不参与；p=2 时，知名企业参与而非知名企业不参与；$p=3$ 时，知名企业不参与而非知名企业参与；p=4 时，知名企业和非知名企业均不参与。

根据智猪博弈理论，假设只要知名企业或非知名企业参与区域品牌的建设和维护，其付出的成本就相同，均为 c。当知名企业 A 和非知名企业 B 共同参与区域品牌的建设和维护时，双方的收益分别为 ω_1R_1-c 和（$1-\omega_1$）R_1-c；当知名企业 A 参与，非知名企业 B 不参与时，双方的收益分别为 ω_2R_2-c 和（$1-\omega_2$）R_2；当知名企业 A 不参与，非知名企业 B 参与时，双方的收益分别为 ω_3R_3 和（$1-\omega_3$）R_3-c；当双方都不参与时，知名企业 A 与非知名企业 B 的收益均为零。这些策略组合构成了一个收益矩阵（见表5-1）。

表5-1 知名企业和非知名企业非合作创建区域品牌的收益矩阵

策略		非知名企业B	
		参与	不参与
知名企业A	参与	$\omega_1 R_1 - c$，$(1-\omega_1)R_1 - c$	$\omega_2 R_2 - c$，$(1-\omega_2)R_2$
	不参与	$\omega_3 R_3$，$(1-\omega_3)R_3 - c$	0，0

根据智猪博弈理论可知，由于知名企业能够赚取更多区域品牌带来的品牌溢价，故其分得的品牌溢价收益能够补偿其投入的区域品牌建设和维护成本，$\omega_2 R_2 - c > 0$；由于非知名企业B的品牌知名度较弱，其分得的品牌溢价收益不足以补偿其投入的区域品牌建设和维护成本，故$(1-\omega_3)R_3 - c < 0$。

分析该矩阵可知，此博弈的纳什均衡解是（参与，不参与），即知名企业主动对区域品牌建设进行投入，而非知名企业等待。知名企业资金雄厚，技术和设备更新速度快，生产研发能力及营销推广能力强。知名企业对区域品牌建设进行投入，付出建设成本、维护成本、行政成本等，为企业品牌的做大做强和区域品牌的可持续发展同时做出贡献。而非知名企业所占有的区域品牌成果份额较小，若只依靠自身力量参与区域品牌建设甚至可能会发生入不敷出的现象，即所获得的收益无法弥补投入的成本。这反而给非知名企业带来损失，得不偿失。从以上分析可得，非知名企业的最优选择是放弃进行区域品牌建设的主动权，等待知名企业对区域品牌进行建设，从中获得一点区域品牌带来的回报。

若非知名企业冒用区域品牌而不支付一定的行政成本，即不按政府所颁布的产品质量标准生产产品，粗制滥造。这些非知名的企业生产的劣质产品将破坏区域的形象，削弱消费者对该区域产品的信心，甚至对该区域造成不可挽回的损失。区域品牌建设主要包括区域品牌数量的扩张和素质的发展两方面。虽然更多的企业使用区域品牌会使区域品牌的规模扩大，但是却不利于区域品牌“素质的发展”，产品质量水平和产品技术含量水平堪忧，这将为区域品牌的可持续发展带来威胁。

从短期来看，非知名企业可以采取“搭便车”的策略，从区域品牌效应中分一杯羹，但是却不支付相应的投入成本。长此以往，其结果必然是知名企业占据在区域品牌中表达自身产品类别优势的优势地位，主导区域品牌的分岔方向。一方面，非知名企业的现有产品类别将面临发展难题，创建新的产品类别也将困难重重，这严重阻碍了非知名企业跨上新台阶、实现新发展，其必将面临激烈市场带来的生存危机；另一方面，普遍存在非知名企业的机会主义行为，将会导致一定数量的劣质生产者的存在，这些企业不注重自身实力的培育，目光短浅，只看当前获得的收益，大量销售冒用区域品牌的产品，将对区域品牌造成严重的负面影响。

（三）合作状态下的竞合博弈模型与区域品牌建设投入决策分析

1. 竞合博弈模型的构建

企业对区域品牌共建投入决策分析中，“智猪博弈”模型只说明了在区域品牌共建活动中同样存在“搭便车”这一屡见不鲜的现象，而企业参与区域品牌建设意愿性的影响因素值得进一步探究。

为了改变非知名企业参与区域品牌建设的决策困境，有必要改变区域品牌下企业的竞争方式，变竞争为竞合。竞合博弈下参与区域品牌共建的投入决策是企业以群体利益作为出发点，以动态的眼光来分析博弈“局中人”在博弈过程中的合作或竞争策略，其实施结果是希望实现“双赢”或“多赢”的结局。一方的“得”不一定等于另一方的“失”，知名企业和非知名企业可以同时得，故两家企业之间有可能合作，从而得到更多的利益。处于理性状态下的企业会考虑改变与竞争对手之间的竞争方式，变竞争为竞合。竞合博弈的行动类型多数是重复博弈，且能产生合作剩余。企业有两类基本的策略：一种是合作策略，即按约定积极参与区域品牌的建设，并且共享品牌建设的成果；另一种则是不合作策略，即企业在区域品牌建设投入阶段选择欺骗，并且占有了一部分品牌建设成果。

在经典“智猪博弈”模型的基础上，结合产业集群的特征，具体地考虑投入和分配，对区域品牌建设活动进行博弈分析，构建一个采用联合随机策略的合作双矩阵对策模型。基本假设如下。

（1）博弈参与主体。假设在产业集群中，存在具有差异的有限理性博弈参与者：知名企业 A 和非知名企业 B 两个群体。从两个群体中各随机抽取一个企业进行决策博弈：在非合作状态下，a 是倾向于建设区域品牌的知名企业，b 是倾向于采用“搭便车”策略的非知名企业；在合作状态下，双方通过合作共同建设区域品牌并且共担合作投入成本，按照约定，非知名企业按照区域产品的技术指标进行生产，而无须对区域品牌付出其他的建设成本和维护成本。

（2）投入成本分担。假设两个企业在区域品牌建设中的投入成本分别为 a 和 b。其中，a 中包括四个方面的成本：产品质量成本 a_1；接受政府定期审查的成本 a_2；公共品牌建设成本 a_3；公共品牌维护成本 a_4。b 中包括两个方面的投入：产品质量成本 b_1；接受政府定期审查的成本 b_2。企业付出的产品质量成本和接受政府定期审查的成本均属于行政成本：产品质量成本指的是为满足政府所颁布的区域产品质量标准，企业提升产品质量所付出的投入；接受政府定期审查的成本指的是政府约束企业对区域品牌的使用并加强市场监督，对企业进行定期审查，而企业需要为此支付一定的成本。区域内的知名企业和非知名企业都具有区域品牌的使用权。公共品牌建设成本和公共品牌维护成本指的是知名企业主导区域品牌的建设与维护，在行政成本之外对公共品牌建设和维护的额外投入。知名企业进行市场化运作，提升区域农产品附加价值，积累品牌价值；知名企业负责区域品牌发展的经营维护，在具体的营销活动中采取一系列维护品牌形象、保护品牌市场地位的行动。

假设 α 企业在四个方面投入的有效投入率为 α_1、α_2、α_3、α_4；b 企业在两个方面投入的有效投入率为 β_1 和 β_2。

（3）品牌成果分享。假设企业单位有效品牌投入可以产生 λ 单位的品牌产出。其中，λ 反映了产业集群在区域品牌建设中的外部性效应。根据产业集群理论，区域品牌不是产业集群内部各个企业品牌的简单加总，而是这些企业品牌经过系统集成，继而形成整体性的区域品牌。

在同一产业集群内部的企业通过合作共建区域品牌，同时共享品牌建设成果。根据农产品的特点，品牌成果主要体现为产品质量的提升及知名度和美誉度的增加，从而提高销售额。由于两家企业销售同一种区域产品，二者无论是否参与了区域品牌建设，只要区域品牌的建设获得有效投入，就会产生品牌溢价，两家企业都会获得区域品牌对企业品牌的背书作用及对产品的担保作用。由于两家企业市场地位差距悬殊，单纯地按照销售额增加的比例分配品牌建设成果是不合理的，企业品牌效应的增强将会给企业带来更深远的影响。假设区域品牌为两家企业带来总的品牌价值增长量中两家企业的品牌价值增长量所占份额分别为 g_1 和 g_2，那么两家企业共享品牌建设成果的比例也为 g_1 和 g_2。

（4）博弈策略选择。由于企业在共建区域品牌中采取的策略包括合作策略和不合作策略，具体采用哪种策略取决于双方的合作动机。假设两家企业采取合作策略的概率分别为 p_1 和 p_2，则采取不合作策略的概率分别为 $1-p_1$ 和 $1-p_2$。与此同时，区域品牌建设是一个长期的过程，双方需要合作多次才能建成区域品牌。对于两家企业而言，长期的合作提高其默契程度。假设企业每一次成功合作带来的正反馈（协同效应系数）为 θ，则 n 次合作带来的协同效应为 $(1+\theta)^{n-1}$。根据以上分析，协同效应系数是作为双方长期合作投入的贴现因子，该贴现因子越大，则企业在下一次合作中的默契程度越高，品牌创建的效果越好，从而给企业带来更丰厚的回报。

假设两家企业采取的是针锋相对策略，即企业参与下一次合作共建品牌的前提是对手在之前的博弈中采取的都是合作的策略。一旦有一家企业采取了不合作的策略，那么双方合作共建区域品牌的活动立刻终止，双方的博弈过程结束。采取针锋相对的策略，是企业对对手采取不合作策略的倾向的一种警告，以预防其“搭便车”机会主义行为的发生。

2. 企业品牌间竞合博弈的策略分析

在上述假设的基础上，分析企业在合作创建区域品牌第 n 次博弈时各种局势下的收益。

（1）知名企业和非知名企业都采取合作的策略。

区域品牌建设的总有效投入为（$\Sigma_{i=1}^{4}\alpha_i\alpha_i+\Sigma_{j=1}^{2}\beta_j b_j$），其中，$i$ 为非知名企业对公共品牌投入的各方面，j 为非知名企业对公共品牌投入的各方面。其总产出为 λ（$1+\theta)^{n-1}$（$\Sigma_{i=1}^{4}\alpha_i\alpha_i+\Sigma_{j=1}^{2}\beta_j b_j$）。知名企业所分得的品牌建设成果为$\frac{\lambda g_1(1+\theta)^{n-1}(\Sigma_{i=1}^{4}\alpha_i\alpha_i+\Sigma_{j=1}^{2}\beta_j b_j)}{g_1+g_2}$。考虑双方采取合作策略的概率，在此局势下，知名企业最终期望收益为

$$R_{1A}=p_1p_2\left(\frac{\lambda g_1(1+\theta)^{n-1}(\Sigma_{i=1}^{4}\alpha_i\alpha_i+\Sigma_{j=1}^{2}\beta_j b_j)}{g_1+g_2}-\Sigma_{i=1}^{4}\alpha_i\right) \quad (5-1)$$

同理，非知名企业最终期望收益为

$$R_{1B}=p_1p_2\left(\frac{\lambda g_2(1+\theta)^{n-1}(\Sigma_{i=1}^{4}\alpha_i\alpha_i+\Sigma_{j=1}^{2}\beta_j b_j)}{g_1+g_2}-\Sigma_{i=1}^{2}\beta_j\right) \quad (5-2)$$

（2）知名企业采取合作的策略，而非知名企业采取不合作的策略。

对区域品牌建设的总有效投入为 $\Sigma_{i=1}^{4}\alpha_i\alpha_i$，其总产出为 $\lambda(1+\theta)^{n-1}\Sigma_{i=1}^{4}\alpha_i\alpha_i$。知名企业所分得的品牌建设成果为$\frac{\lambda g_1(1+\theta)^{n-1}\Sigma_{i=1}^{4}\alpha_i\alpha_i}{g_1+g_2}$。考虑双方采取合作策略的概率，在此局势下，知名企业的最终期望收益为

$$R_{2A}=p_1(1-p_2)\left(\frac{\lambda g_1(1+\theta)^{n-1}\Sigma_{i=1}^{4}\alpha_i\alpha_i}{g_1+g_2}-\Sigma_{i=1}^{4}\alpha_i\right) \quad (5-3)$$

同理，非知名企业最终期望收益为

$$R_{2B} = p_1(1 - p_2)\left(\frac{\lambda g_2(1 + \theta)^{n-1}\Sigma_{i=1}^{4} a_i a_i}{g_1 + g_2}\right) \tag{5-4}$$

（3）知名企业采取不合作的策略，而非知名企业采取合作的策略。

区域品牌建设的总有效投入为 $\Sigma_{j=1}^{2}\beta_j b_j$，其总产出为 $\lambda(1+\theta)^{n-1}\Sigma_{j=1}^{2}\beta_j b_j$。知名企业所分得的品牌建设成果为$\frac{\lambda g_1(1+\theta)^{n-1}\Sigma_{j=1}^{2}\beta_j b_j}{g_1+g_2}$。考虑双方采取合作策略的概率，在此局势下，知名企业的最终期望收益为

$$R_{3A} = (1 - p_1)p_2\left(\frac{\lambda g_1(1 + \theta)^{n-1}\Sigma_{j=1}^{2}\beta_j b_j)}{g_1 + g_2}\right) \tag{5-5}$$

同理，非知名企业的最终期望收益为

$$R_{3B} = (1 - p_1)p_2\left(\frac{\lambda g_1(1 + \theta)^{n-1}\Sigma_{j=1}^{2}\beta_j b_j}{g_1 + g_2} - \Sigma_{i=1}^{2}\beta_j\right) \tag{5-6}$$

（4）知名企业和非知名企业都采取不合作的策略。

对于区域品牌建设的总投入为0，其总产出也为0。显然在此局势下，知名企业的最终期望受益为

$$R_{4A} = 0 \tag{5-7}$$

同理，非知名企业的最终期望收益为

$$R_{4B} = 0 \tag{5-8}$$

由以上分析得到知名企业与非知名企业合作共建区域品牌的收益矩阵（见表5-2）。

表 5-2　企业合作创建区域品牌的收益矩阵

策略（概率）		非知名企业	
		合作（p_2）	欺骗（$1-p_2$）
知名企业	合作（p_1）	（R_{1A}，R_{1B}）	（R_{2A}，R_{2B}）
	欺骗（$1-p_1$）	（R_{3A}，R_{3B}）	（0，0）

（四）基于博弈模型的合作均衡条件分析

从知名企业的角度考察收益函数，此时知名企业对自身的策略选择完全确定，而不确定非知名企业的策略选择。博弈应符合两个必要条件：一是合作收益大于单个成员单独经营的收益之和；二是每个成员都能获得比不进行合作时要多一些的收益（luo & park，2001）。竞合博弈的特征之一就是能产生合作剩余，这就满足了第一个条件。若想要达到每个成员获得相较不合作时的更高收益的效果，则进一步要求企业采取合作策略的条件是选择合作时的期望收益大于选择不合作时的期望收益。采用两种策略期望收益之差为

$$\Delta R_A = \Sigma_{m=1}^{4} R_{mA}(p_1 = 1) - \Sigma_{m=1}^{4} R_{mA}(p_1 = 0) \tag{5-9}$$

将式①③⑤⑦代入⑨，可得

$$\Delta R_A = \frac{\lambda g_1 (1+\theta)^{n-1} \Sigma_{i=1}^{4} \alpha_i \alpha_i}{g_1 + g_2} - \Sigma_{i=1}^{4} \alpha_i \tag{5-10}$$

依据上述分析，知名企业采取合作策略的条件是 $\Delta R_A \geqslant 0$，将式（5-9）代入不等式，可得

$$\lambda (1+\theta)^{n-1} \geqslant \frac{\Sigma_{i=1}^{4} \alpha_i}{\Sigma_{i=1}^{4} \alpha_i \alpha_i},\ \frac{g_1 + g_2}{\alpha_i} \tag{5-11}$$

由式（5-11）发现，在 n 次区域品牌共建的博弈过程中，A 企业选择合作的条件是综合产出系数 $\lambda\ (1+\theta)^{n-1}$ 要大于 A 企业品牌价值增长所获每一单位有效投入所需的总投入 $\frac{\Sigma_{i=1}^{4} \alpha_i}{\Sigma_{i=1}^{4} \alpha_i \alpha_i}$，$\frac{g_1+g_2}{\alpha_i}$。其中，综合产出系数 $\lambda\ (1+\theta)^{n-1}$ 指的是由于产业集群所带来的外部性效应和多次合作带来的协同效应，每一单位品牌建设有效投入所带来的总产出。

进一步分析知名企业参与区域品牌创建的条件。

第一，知名企业在创建区域品牌时投入的总资金中有效的部分所占比例越高，则其参与创建区域品牌的意愿性越高。根据前文假设，在区

域品牌化投入阶段，知名企业在产品质量提升、接受政府定期审查准备、公共品牌维护、公共品牌建设四个方面投入的有效性越高，就可以获得越高的投入回报率，这会提高知名企业参与创牌的积极性。

第二，在区域品牌为企业带来的品牌价值增长中，知名企业品牌价值增长所占比例越高，则其参与创建农产品区域品牌的意愿性越高。合作竞争的目的不是利他，而是利益主体意识到如果他们有确定相关的目标，自利需要伙伴。合作均衡是区域品牌共建最有效率的状态。因合作竞争的目的不是增加对方企业的品牌价值，知名企业和非知名企业的目标同样是增加自身的品牌价值。无论非知名企业是否投入了创建区域品牌的成本，只要其品牌价值增长份额过高，导致 A 企业品牌价值增长所获每一单位有效投入所需的总投入增加，就会削弱知名企业参与创建区域品牌的积极性。

第三，知名企业参与创建区域品牌的意愿，除了与投入有效性和品牌价值增长份额有关以外，还与企业的合作次数 n，区域品牌建设中的外部效应系数和协同效应系数 θ 成正相关。由于企业多次合作，彼此的默契程度提高，有利于促成下一次合作。每一次成功合作带来的协同效应 θ 是由于在合作竞争中，通过双方能力和资源的互补，产生了 $1+1>2$ 的协同效应。协同效应提升了双方企业的竞争力，企业的合作受到正反馈。区域品牌假设中的外部效应系数可以这样解释：通过企业集聚，集群内企业相互之间通过正式或非正式的合作，技术的优先传播与扩散，突出了外部效应。只有外部效应较大时，企业才能通过合作建设区域品牌获取更多的收益，从而更倾向于参与创建区域品牌。

根据以上两个博弈模型的分析，可以看出，一方面，双方企业处于非合作状态时，短期内非知名企业倾向于采取“搭便车”的策略，以占有知名企业进行区域品牌建设的成果。但是这对企业自身、区域品牌及该区域品牌下的其他企业而言，都会造成极其不利的影响。另一方面，双方企业处于合作状态时，知名企业参与区域品牌创建的条件比较苛刻，常常由于资源环境的约束难以促使企业参与区域品牌建设，很容易让区域品牌的创建陷入僵局，知名企业不愿参与区域品牌的创建。

四、产业集群升级中区域品牌与企业品牌的互动

根据产业集群内是否拥有区域品牌和企业品牌，产业集群区域品牌创建可分为四种模式：①自然营销，产业集群中没有企业品牌和区域品牌，产品主要通过自发形成的专业市场、本地购销大军进行销售，温州的许多企业集群在20世纪80年代初就属于这种营销模式；②产业集群中只有企业品牌，没有集群区域品牌；③没有企业或产品品牌，产业集群所有企业或大多数企业都统一使用一个集体品牌；④在产业集群的大品牌下，企业仍使用各自的品牌，集群内企业产品采用双品牌营销策略。

21世纪初，国内学术界开始探讨区域品牌与企业品牌的相互关系。孟韬（2005）认为，区域品牌的形成由企业品牌推动，在某个区域内，一个或多个强势企业品牌是代表区域品牌的符号和最佳的区域品牌载体。胡大立等（2006）指出，企业品牌与区域品牌互为依靠、互为贡献，企业品牌支撑区域品牌，区域品牌对企业品牌有着背书、追加优势等功能。尤振来等（2013）以轮轴型产业集群为背景界定区域品牌、企业品牌的内涵，分析两者之间的关系并提出区域品牌与企业品牌互动的三阶段模型。马向阳等（2014）提出了区域品牌建设新策略——区域品牌伞下的企业品牌联合，对其形成条件与相关机理进行阐述分析，并归纳出区域品牌伞下企业品牌联合的现实应用条件和运营机制。李佳洺等（2016）以杭州企业工商登记数据为基础，对杭州市区不同产业集聚状况进行对比分析，并以注册资本为依据研究企业规模对产业集聚产生的影响。因而，区域品牌与企业品牌两者相互作用，互为促进，而且产业集群内企业品牌数量多少、实力强弱，对区域品牌伞的形成与作用发挥有影响。

由此也不难看出，产业集群区域品牌建设的一个关键是平衡企业品牌与集群区域品牌的协同发展。产业集群区域品牌建设面临的是建设区域品牌还是企业品牌，还是同时建设两类品牌等策略选择。这些选择具有很强的协同性：建设集群品牌能够提高集群产品的竞争力，有利于企

业做大做强；建设企业品牌有助于发挥标杆作用，为集群产品质量树立良好的形象。在产业集群区域品牌建设过程中，若由集群内的某个企业负责区域品牌，则可能出现该企业利用授权为自己谋利、其他企业利益受损的情形。因此，产业集群区域品牌的建设应由当地政府或行业协会组织策划、实施。区域品牌与企业品牌作为两种不同的品牌形态存在着割舍不断的联系，在经济发展中担当着不同的角色，因此，弄清楚两者之间的差异和关联及各自的作用和条件显得尤为重要；同时，对于创建区域品牌，提高集群竞争力具有十分重要的意义。

（一）消费者购买行为中的品牌驱动分析

品牌驱动行为主要表现为消费者“认牌购买”，消费者购买该品牌产品，只是因为它的存在，或者说品牌是消费者购买其附着产品的主要动力。扮演驱动角色的品牌通常具有一定的品牌忠诚、品牌偏好，所秉持的价值主张正是与顾客使用体验的期望相一致，所带来的利益（包括功能利益、情感利益等）正是消费者想得到的。

首先，驱动性角色多为品牌系统中的族系品牌（主品牌）；其次，为子品牌，同时公司品牌、成分品牌、项目品牌、原产地品牌在某些时候也可以起一定的驱动作用。根据驱动品牌的参与数量多少及品牌在消费者选择中的影响力大小，可将驱动性角色分为单驱动、联合驱动等。单驱动角色通常由主品牌承担，表现为消费者对品牌非常依恋，如 Apple 手机的“果粉”、小米手机的“米烧”；联合驱动角色主要由品牌系统中两种或两种以上品牌承担，如“主品牌+子品牌”“公司品牌+成分品牌+项目品牌”等。

驱动性角色反映了品牌在多大程度上能促使消费者最终做出购买决策。事实上，一次购买行为可能会涉及品牌系统中多个品牌，每个品牌的驱动作用可以介于0~100%，比如，某消费者在准备购买自己的第二辆车的时候，最初有个基本想法是买一辆德系车，在德系车中，她知道有奔驰、宝马等品牌，而在她拥有品牌知识里，觉得奔驰品牌更适合自己，然后根据自己早先确定的 30 万元左右预算购买了一辆 2013 款

C260 优雅型（前置后驱 7 挡手自一体）。这个购车行为体现的是“原产地品牌+主品牌”联合驱动，消费者在把原产地作为主要考虑因素（主驱动）的基础上，再考虑主品牌，这其中没有去强调车型、配置等其他因素。这里的原产地品牌即区域品牌的表现形式。

对于成分品牌、合作品牌等属于其他公司的品牌，在参与联合驱动时，则要把握好品牌契合度、技术互补性等原则。2014 年 10 月，创维酷开与华为荣耀联合宣布，依托华为的尖端芯片科技和创维的电视工艺，跨界强推互联网电视品牌——酷开 A55，由于在酷开与荣耀这两个品牌的文化中都含有深圳的速度和狼性精神，相信两者的品牌联合能抢占行业竞争的制高点。但同时有一点需要注意的是，合作品牌双方的品牌定位、价值主张不同，可能会造成一些冲突，比如 2006 年诺基亚与西门子曾联合成立诺基亚西门子网络公司，该公司自成立以来状况都不好，至 2013 年宣告合作失败，其中一个重要原因是西门子一直希望退出无线设备制造，转而专注于能源设备。

在产业集群产品的市场推广中，企业品牌、产地品牌（区域品牌）都有可能发挥驱动作用，有的是区域品牌单驱动，有的是企业品牌单驱动，有的是企业品牌、区域品牌双驱动。一般而言，用不同的驱动方式，导致产业集群的发展前景、发展态势是不同的，特别是区域品牌单驱动下的产业集群将会面临着很多风险。

（二）区域品牌和企业品牌的特征比较

对区域品牌和企业品牌的把握，首先，对其拥有主体的性质进行判断。区域品牌的拥有者是整个集群区域——这是一个宽泛而不明确的利益主体，与此同时，区域品牌已经发展成了一种具有非排他性、非竞争性和外部经济性等基本特征的公共物品，处于该区域中特定行业的企业都可享用并从中受益。而企业品牌的拥有者是以盈利为目的的企业组织——它是有着自身个体利益的主体，它为品牌所开展的一切活动都离不开“利益”二字。因此，区域品牌和企业品牌的根本差异在于前者是服务性，提供公共服务，后者是盈利性，赚取最大利润。其次，企业品牌是品牌标志所标示的产品、服务或相应的企业在买方及其相关消费群体心目中的总体印象和由此产生的心理联想，而区域品牌是外部化了的专家性区域形象。再次，在品牌效应方面，区域品牌与单个企业品牌相比，更形象、更直接，影响力更大，具有更广泛的、持续的品牌效应。这主要是有 3 个原因：①企业品牌必须赋予一定的品牌个性，而且要能被目标消费者认可，否则没有任何意义；②在区域品牌名称之中就已经包含了产业特征，消费者不需要进行更多的联想，就能明白其内涵；③区域品牌超脱了企业个体，它不会因为某个企业经营失误而产生危机。

此外，区域品牌和企业品牌在独立性上存在明显差异。对企业品牌而言，当顾客对其忠诚度达到一定程度后，品牌能够与其背后的产品实体、具体企业逐渐分离，并开始游离于产品或服务等载体而独立存在，正因为如此，它才能够进行有效的品牌延伸和品牌资产交易。而区域品牌是一个相当复杂的事物，不能像企业品牌一样被清晰识别，也不能脱离于特定产业和特定区域而独立存在，更无法通过并购进行品牌资产交易，因而，具有相当强的依附性。

（三）企业品牌作用力的大小决定着区域品牌的成长类型

区域品牌是产业集群发展到高级阶段的重大表征，如果将产业集群看作是“树”，那么主导产业是“树干”，区域品牌是“枝叶”，企业品牌是“树根”，其中名牌（知名品牌、领头品牌、强势品牌等）是“主根”“粗根”，杂牌（非知名品牌、跟随品牌、弱势品牌等）是细小繁多的“根系”。按此理解，企业品牌和区域品牌的关系是“树根”和“枝叶”的关系，只有“根系发达”才能“固土”和留住水分，以保持“枝叶”有充足的营养和水分，只有“根深”才能“枝繁叶茂”；反过来，只有“枝繁叶茂”才能为“根”遮雨遮阳，阻止过量的水分蒸发和大雨清刷。

区域品牌之所以能形成，其中最关键的成因是集群具有相当的产业规模和产业优势。产业规模一般从“量”上来判定，包括生产量和供应量；产业优势一般从“质”上来判定，主要指区域内名牌企业和驰名商标拥有数量的多少。“量”和“质”是从不同的角度、程度来反映该产业集群在行业市场中的实力地位，以及企业品牌和区域品牌两者的关系指向，由此而形成了两种不同类型的区域品牌：一种是由“优质”企业名牌支撑而形成的“依托型”区域品牌，它的特点是先有企业名牌，再有区域品牌，在市场上企业名牌的影响力超过区域品牌；另一种是在“量”的基础上或者在历史长河中而产生的“覆盖型”区域品牌，其特点是已有区域品牌但区域内未建成企业名牌，甚至是企业没有属于自己的“名字”，在市场上该区域中的企业品牌几乎失语。当然，“质”和“量”两者不是绝对分离的，而是“质”中有“量”，“量”中有“质”。在“依托型”区域品牌形成中，“质”起了主要作用；在“覆盖型”区域品牌形成中，“量”起了主要作用。

“依托型”区域品牌是指产业集群依托两个或两个以上的名牌而形成的区域品牌。改革开放以来，特别是在确立建立社会主义市场经济以来，这类区域品牌在我国各地的产业集群发展实践中最为常见，如被授予“中国鞋都”的温州，那时就已有了红蜻蜓、康奈、奥康等皮鞋行业的中国名牌；再如被命名为“中国乳都”的呼和浩特，主要得益于伊利、蒙牛两大中国乳业巨头“品牌”的推动。可以说，没有企业名牌的支撑，无法形成“依托型”区域品牌，与此同时，这类区域品牌也只有在坚实的企业名牌基础之上才能建立起来并茁壮成长，才能产生强大的影响力和辐射力（见图5-3）。

“覆盖型”区域品牌是指产业集群所在的整个范围内，为众人知晓的没有企业品牌，而且仅有区域品牌本身。从目前存在的“覆盖型”区域品牌形成路径来看，可以细分为两类：一类是在长期的社会发展中被历史赋予的品牌，如传承了1200多年的“金华火腿”及有2000余年制瓷历史的“瓷都——景德镇”等；另一类是改革开放以后，一些地区自发地形成了巨大生产规模的产业集群，并对市场的供应量能产生重大影响的品牌，如号称“中国袜业之都”“国际袜都”的浙江诸暨大唐镇已成为全国最大的袜子生产基地和出口基地，2017年共生产销售250

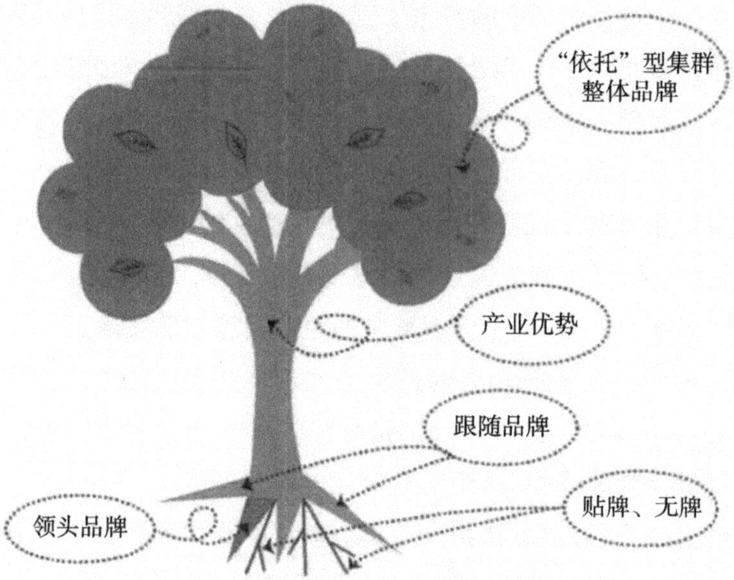

图 5-3 "依托型"区域品牌与企业品牌关系

亿双袜子，占全球产量的1/3，由此，"大唐袜业"也成为享誉全球的区域品牌。然而，在金华火腿业和景德镇瓷业这两棵"千年老树"之下，几乎找不到消费者喜好的企业品牌；在"大唐袜业"之下的8000多家厂商中，也不知道谁家的袜子更好，谁家的质量不行，市场上名头最响的浪莎、梦娜等品牌，却是紧邻诸暨的义乌生产的（见图5-4）。

"依托型"区域品牌和"覆盖型"区域品牌除了形成路径不同之外，区域品牌的根基稳固性（缘于企业品牌贡献力大小不同所致）、品牌优势在时间和空间上的维持都能产生显著差异。以陶瓷业和袜业为例，昔日的"中国瓷都"景德镇由于没有把做强单个企业及其品牌当作基础性的工作来抓，陶瓷企业坐拥"瓷都"光环的普照，市场意识淡薄，致使瓷业的霸主地位遭到佛山、潮州、德化等地严重挑战，究其原因，景德镇全市5000家陶瓷企业竟然难以找到全国领导性知名品牌，而佛山有鹰牌、东鹏、新中源、赛纳、海鸥等，潮州有长城、伟业、顺

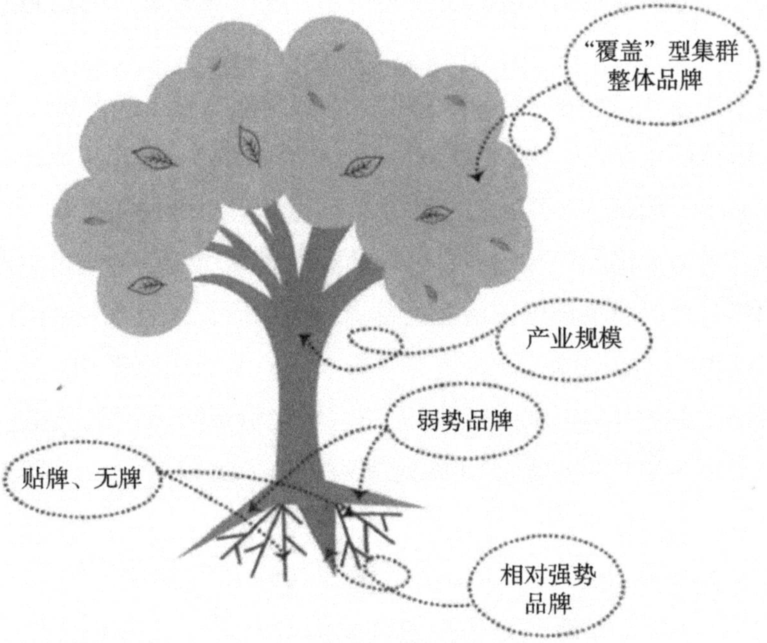

图 5-4　“覆盖型”区域品牌与企业品牌关系

祥、四通、松发等知名品牌；浙江大唐是“中国袜业之都”，然而在该区域内袜业没有出现一个全国有影响的个体品牌，反而在不远的义乌却已经拥有了“浪莎”“梦娜”“芬娜丝”“宝娜斯 BONAS”等中国驰名商标，如果未来的大唐再不出现几个知名品牌来作支撑，可以预计，随着时间的推移和市场竞争激烈程度的加深，大唐袜业的霸主地位也将受到挑战，原因很简单——做“量”比做“质”容易。总之，“依托型”区域品牌较“覆盖型”而言，根基更稳、优势更强。

（四）区域品牌对企业品牌的成长壮大具有反作用力

企业品牌是区域品牌的“根基”，反过来，区域品牌作用的发挥对企业品牌的成长能产生有益贡献，主要表现为企业品牌背书，[①] 促进产

① 背书原意是指“票据持有人于票据转让或授予他人一定票据权利时，在其背面签章的行为”，经背书的票据，如发票人不能偿付，背书人负有承兑和付款责任。在此，将背书引申为企业品牌在进行产品销售时，区域品牌为其在顾客心理上做质量担保。

品销售；规范企业行为，帮助品牌提升；展现专家形象，为名牌追加优势等。

正如来自“贵州茅台”的白酒、“中国鞋都”浙江温州的皮鞋、福建晋江的休闲鞋总能让人刮目相看一样，区域品牌对企业品牌具有背书作用。由于区域品牌的形成过程就是区域专家形象的树立过程，与票据背书做出书面承诺不一样的是，区域品牌的背书功能是在顾客心理层面为区内产品提供质量担保，增加消费者的购买信心。因此，区域内企业品牌可以借助区域品牌迅速扩大自身影响，提高市场竞争力。近年从茅台镇走出来的“小糊涂仙”就是成功运用区域品牌背书的典范，它凭借一句“茅台镇传世佳酿”在短时间内抢占了大部分国内中高档白酒市场。

对企业品牌而言，区域品牌不仅是其能够借力起步的“专家担保”，它还能以高标准、高品质的目标要求来规范、引导企业品牌行为。随着区域品牌运营管理水平的提高，集群中企业借用区域品牌的行为会得到约束和规范，企业品牌中鱼目混珠的现象会得到遏止，这将迫使单个品牌按照区域品牌的要求注重提高自身的美誉度、忠诚度和消费者认知度、亲和力。与此同时，区域品牌所给予的丰厚回报能引起企业品牌自觉服务于这一区域公共物品的建设。因此，通过区域品牌的发展带动企业品牌的提升，从而使企业品牌成为有影响力的企业名牌，这一点在“覆盖型”区域品牌下显得极其有效和重要。

对一些已经是名牌的产品来说，区域品牌还起着追加优势的作用。从上述分析中得知，“依托型”区域品牌一般是由几个有相当实力的企业品牌作为支撑成长起来的，在其成长过程中，产业集群经历着由“专家品牌聚集”到“行业专家所在地”的转变，在消费者心目中形成了该区域代表着行业的最高水平的认识，这样可以帮助区域内已具有相当竞争力的品牌追加新的优势，快速占领市场的制高点。以中国乳业为例，乳业的三大巨头：伊利、光明、蒙牛，其中，光明乳业所在地是中国工商业最为发达的上海，但这一经济优势不仅不能转化为“光明”的品牌优势，反而会成为其参与竞争的掣肘，因为人们不禁会产生这样的疑问："没有奶牛，不产奶的上海怎么能生产出牛奶?"而伊利、蒙牛所在地是"中国乳都"内蒙古呼和浩特，提到内蒙古大家首先想到的是"一望无际的草原和草原上肥壮的奶牛"，这无疑为伊利、蒙牛在乳业市场竞争追加了新的优势——区域品牌优势。

当然，区域品牌对企业品牌的反作用并非都是正面的，管理不当，将产生恶劣后果。在"覆盖型"区域品牌之下的产业集群中，由于企业自身在外界没有独立品牌，有的只是全体共享着的区域品牌，这为区域品牌对企业品牌贡献负作用埋下了伏笔——当集群中一个企业违反了商业规则，向市场供应伪劣产品时，最终受害的不仅是企业本身，而且还包括集群整体和区域品牌。

五、案例分析：多元品牌驱动下"大唐袜业"产业集群升级之路

（一）"大唐袜业"产业集群区域品牌曾经的成长尴尬

大唐袜业，是以浙江省诸暨市大唐镇为核心，涵盖草塔、安华、暨阳街道等 18 个乡镇，辐射周边地区，以袜品生产销售为主，包含原材料生产、袜机制造等在内的区域产业集群。从 20 世纪 60 年代末开始，大唐袜业从萌芽、起步、发展、繁荣，几乎是十年一级，一步步坐实了它在袜业世界里的"第一把交椅"，并最终形成了全球一流的从袜机机械制造、各种原料生产，到设计、生产、染整、定型、包装，再到销售、物流等全过程的最为完整的一条产业链，成为中国纺（针）织服装行业中的标杆集群，为中国纺（针）织服装行业的发展提供了重要的经验，也在全球产业网络中占有重要地位。2007 年，"大唐袜业"被浙江省名牌战略推进委员会认定为浙江省首批五个区域名牌之一。2008 年，国家产业研究中心等单位联合发文授予大唐袜业"全国百佳产业集群"称号。2010 年，中国纺织工业联合会授予大唐镇"中国袜业之乡"称号；中国针织工业协会相继授予大唐镇"中国针织原料基地"

“中国针织原料市场”“华东精品袜业园”三大金字招牌；浙江省检验检疫局认定大唐袜业产业集群为“全省首个出口工业品质量安全示范区”；浙江省商务厅授予大唐袜业“浙江省出口基地”称号；2011 年，浙江省经信委认定大唐袜业为全省创建区域国际品牌第二批试点产业集群；2012 年，经浙江省质监局推荐，大唐袜业产业集群作为浙江省唯一的产业集群品牌向国家质监总局申报创建全国知名品牌示范区。然而，“大唐袜业”这个集群整体品牌虽然非常出名，但是与享有“中国袜业名城”“浙江省袜业商标品牌基地”美誉的义乌袜业集群相比，存有明显不尽如人意的地方，主要表现在区域品牌下企业品牌的影响力相差巨大，在义乌袜业集群中，拥有“浪莎”“梦娜”等著名品牌（其中“浪莎”这一品牌几乎家喻户晓），而“大唐袜业”虽有些名牌，但影响力存在较大差距。

虽然大唐袜业的产品总量规模已稳居国内前茅，但由于中小企业数量多，单体规模和企业品牌、区域品牌的提升仍有较大的空间。实际上，在 OEM 中，没有强势自主品牌出口价不到销售价的 1/10。然而，大唐袜业只是在业内有名气，消费者心目中却不一定有大唐的袜子品牌。“一直以来，大唐袜业扮演着为他人做嫁衣的角色，每双袜子平均出口价只有 0.21 美元，不到最终销售价格的 1/10。”大唐镇一工作人员（2014）说：“过去，诸暨袜企以贴牌和生产外贸订单为主，品牌意识起步较晚，曾经失去了很多创品牌的机会。”

然而，伴随国际国内产业梯度转移步伐的不断加快、传统比较优势日趋弱化，产能过剩、无序竞争等产业问题凸显，并衍生出环境、生态、安全等一系列社会问题，大唐袜业亟待从困局中突围。适应经济新常态，探索发展新模式，重塑竞争新优势，推动产业从规模速度型向质量效率型发展，发展动力从要素驱动向创新驱动转变，加快块状经济向现代产业集群转型升级，已成为实现大唐袜业产业集群涅槃重生。

（二）大唐袜业集群升级：从“袜业”到“袜艺”

带“翅膀”的袜子、含“鞋底”的袜子，“藏域风情”“脸谱”

“足迹”等设计主题产品……在2018年11月28日诸暨举办的第二届“大唐杯”袜艺设计大赛上，多款独具特色的袜子亮相T台。在“中国袜业之乡”大唐镇，从最初仅有单一穿着价值的产品，到如今包含创意设计的多样化艺术品，一双双袜子演绎着“袜业”向“袜艺”的演变。

20世纪70年代初，大唐一带的袜子产业逐渐萌芽，当时人们主要依靠各家各户的手摇袜机来生产袜子，并将其拿到周边公路旁摆摊售卖。20世纪70年代末，大唐袜子产业开始集群，涉及绢纺、毛纺、印染等行业。经过40余年发展，如今的“大唐袜业”已形成包括袜业制造到原材料生产，再到袜子的生产、染整、定型、包装、营销、物流等过程的完整产业链，大唐镇也成为全球最大的袜子生产基地。到2015年，诸暨袜子产量达到200亿双，年均递增3.5%，产量占全国的65%；工业产值达640亿元以上，年均递增10%以上。

袜子产量不断攀升的同时，伴随传统制造产业转型升级的浪潮，“大唐袜业”亦牢牢把握住了创新发展的转型机遇。2015年，浙江省经济和信息化委员会、浙江省工业经济研究所和诸暨市人民政府共同编制《诸暨市大唐袜业转型升级发展规划（2015—2020年）》。同一年，大唐“袜艺小镇”入选浙江省首批37个特色小镇创建名单，成为全球唯一的以“袜艺”为主题的特色小镇。2018年，大唐镇位列中国最美特色小城镇第30位。把艺术“穿”在脚上，由此可见，袜子不仅是一件商品，更是文化、休闲、旅游的一个承载体，是“袜艺”与“闲逸”的一次大融合。“大唐袜业”通过创建“袜艺小镇”，成功助推“大唐袜业”凤凰涅槃：时尚功能运动袜、防静脉曲张医疗袜、立体移圈袜等多款产品不断填补中国袜业界的空白。2017年，“国际袜都”大唐镇共生产销售250亿双袜子，占全球产量的1/3。此外，据《2019胡润全球袜业企业创新百强榜》公布数据，2019年大唐袜业将袜业制造与文化、艺术、设计相结合，“大唐袜业”区域品牌价值估值达1100亿元人民币。

除了产业集群内众多企业通过自身技术改进、品牌打造等带动整个袜子产业的升级外，为引进更多设计人才、提升袜业创新能力，诸暨市、大唐镇等各级政府及行业协会通过与高校、研究机构等多方合作、搭建平台，塑造平台品牌和区域品牌，助推袜业集群升级，力争将大唐打造成为全球最先进的袜业制造中心、全球最顶尖的袜业文化中心、全球唯一的袜业主题景观空间和全球唯一的袜业旅游目的地（见图5-5）。

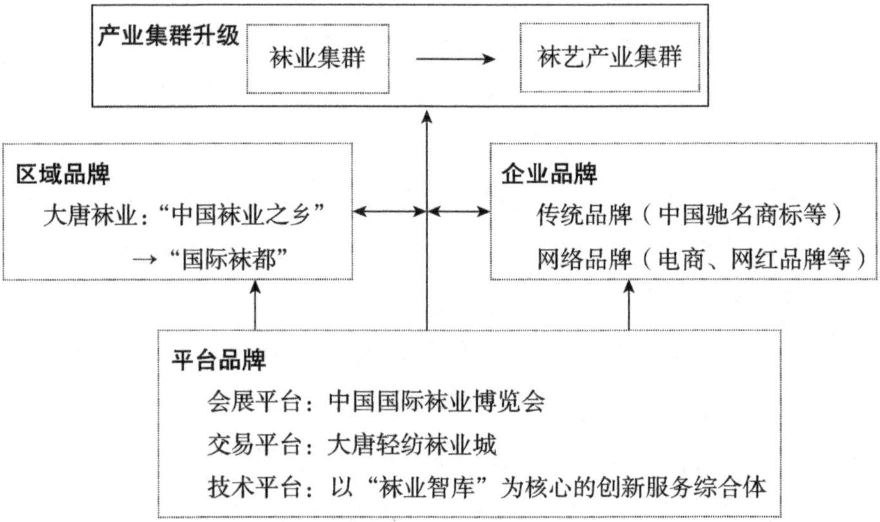

图5-5　多维品牌驱动下“大唐袜业”产业集群升级

（三）政府规范企业对“大唐袜业”区域品牌的使用

区域品牌作为“公共物品”，具有正向外部效应，能让中小企业通过“搭便车”共同分享其带来利益。与此同时，由于“公共物品”的非排他性，一旦区域内某个企业生产和销售假冒或低劣产品，区域品牌就会贬值，区域内其余企业的产品都会遭殃。因此，为避免企业不自觉的行为发生和鼓励企业重视质量，推动维护区域形象应该成为全体企业的自觉行为，政府和行业协会、商会应该采取措施规范企业对区域品牌的使用行为，比如制定有关质量的地方性法规，严厉打击假冒伪劣产品，维护市场秩序和区域品牌；鼓励企业创名牌，奖励名牌企业；引导区域内企业加强行业自律，共同制定地区产品质量、服务标准，并监督执行，以维护区域品牌在市场上的形象；解决专利申请周期长和行业发展速度的问题，对《专利法》补充的新产品维权工作，出台“行业内专利”标准，行业维权周期短、程序简单，填补申请专利赶不上行业发展的“真空”等。

在大唐镇，政府规定“大唐袜业”这个品牌，对已获得各级品牌、质量信得过的企业，原则上要鼓励他们积极、广泛地使用，力争做到成熟一家使用一家；对不经审批、产品质量差的企业，则要严格禁止使用；对不按管理办法乱用的企业，要做出处罚，决不姑息迁就。只有这样，才能正确使用好、保护好这块品牌，并使之发挥巨大作用。截至2018年，大唐袜业已经形成了一个完整的产业链，拥有1000多家原料生产厂、400多家原料经销商、8000多家袜子生产厂、600多家袜子经销商、100多家联托运服务企业等。美国杜邦、德国拜尔、日本伊藤忠等20多家国外知名袜企或原料商聚集大唐，大唐已经成为全球最大的袜子生产基地、最大的袜子原料生产基地、最繁荣的袜子交易市场、最大的知名袜业品牌集聚地。诸暨市相关部门对在产品标签上使用了“大唐袜业”标志的企业经严格审核，规范企业对“大唐袜业”区域品牌的使用。

当今，互联网日益发达的时代，电子商务平台也日趋火热，越来越多的电子商务企业抓住机会快速发展。在转型升级的风口中，大唐袜业企业创意设计的最终成果体现在价格、销售和利润上，“华诗秀”的龙凤袜市场上最高卖到500元一双，“焦糖玛琪朵”“阿格莱德”和“童袜王国”等网红品牌收获了产品利润率20%~40%的高附加值，其中，“焦糖玛琪朵”成为同类目全网利润最高的品牌之一，零售复购率达35%，高于同行业的50%以上。

为进一步规范电子商务袜企的网上销售行为，共同维护“大唐袜业”区域名牌的良好声誉，诸暨市质量技术监督局专门制订相关管理办法，在电子商务袜企中推广使用“大唐袜业”区域名牌。同时，要求使用“大唐袜业”区域名牌标志的电子商务企业，必须自愿申请，经所在地镇电子商务协（联合）会、镇乡人民政府和市质量协会联合推荐，“大唐袜业”区域品牌管理工作领导小组办公室同意并登记注册，经赋予唯一性编码后方可使用。企业采用标签形式或在外包装上使用标志时，其产品标识标注除应符合国家有关标识标注的规定外，还须印制“大唐袜业”区域品牌唯一性编码和企业联系方式；不得有偿或无偿转让“大唐袜业”浙江区域名牌的标志；同时，对不得使用“大唐袜业”浙江区域名牌标志的几种情形做出了规定：企业注册地址不在诸暨市行政区域内的；在近三年内，采购的生产企业产品质量在国家、省、市和诸暨本级监督抽查中被判定为不合格的；在近三年内，采购的生产企业出口商品检验有质量不合格经历或出口产品因质量问题遭遇国外索赔的；在近三年内，采购的生产企业被质监、市场监管等部门依法查处的；企业退出各镇袜业电子商务协（联合）会，或被各镇袜业电子商务协（联合）会除名的。

（四）企业创牌直推产业集群升级

产业集群升级呼唤企业创品牌。OEM 基地能够成就区域品牌，但单纯的产量扩张造就不了有巨大影响力和认可度的区域品牌。“大唐袜业”除了积极创建、申报区域名牌外，还积极引导和扶持企业创牌，因为在市场中，企业品牌、产品品牌对消费者购买行为决策的影响更直接、有力。与此同时，曾为“大唐袜业”代名词的“贴牌、代工、模仿、廉价”等词眼也需要改变。

目前我国袜业品牌正在从粗放式经营向规模化、精细化经营转型。从产品竞争、价格竞争、营销手段竞争向产品研发竞争、品牌文化竞争、品牌服务竞争跨越，单一的品牌化发展慢慢地转变成了品牌差异化的发展。大唐袜业在“提档升级”“品牌兴业”等发展战略的引领下，企业纷纷以“专、优、特、新”打开国际国内市场。在品牌培育工程建设中，大唐镇通过大力实施名牌战略，制定并落实行业和企业品牌战略发展规划，充分发挥“大唐袜业”区域名牌作用，提升品牌价值。结合“3·15”“质量月”“安全生产月”“法制日”等主题宣传活动，营造政府重视质量、企业追求质量、社会崇尚质量、人人关注质量的良好氛围。

通过区域整体品牌的“大手”，牵起企业单体品牌的“小手”，一同走上升级之路。据不完全统计，“大唐袜业”旗下共拥有中国驰名商标17个、省级名牌产品20个、省级著名商标17个、省级出口名牌产品4个，比如丹吉娅集团、情怡集团、锦裕袜业、嘉梦依袜业等一批袜业企业也加大了国内市场的开拓力度，并都取得了骄人的业绩。随着互联网电子商务的不断发展，以步人针织集团、开倜服饰为主的一大批针织企业开始应用互联网从事电子商务业务，并且取得了很好的业绩，越来越多的织袜企业想在开拓电子商务上跨出尝试的脚步。

企业要创品牌，依托的产品档次要提升，就必须要提高产品的技术含量，配备对应的高档生产设备。在大唐袜业区域品牌创建过程中，诸暨市委、市政府相继出台了一系列配套政策，财政出资完善公共技术服务平台，平台下设袜业研究所、产品质量检测中心、企业科创中心、电子商务中心等，这一“纵向到底、横向到边”的平台，较好地解决了处在“金字塔”底部的大量中小企业的需求；并拿出专项资金扶持，不断引导和推动企业自主创新，在优势产业领域提供优惠和资助；同时，聘请以中国工程院院士姚穆为主任，中国纺织服装教育学会、东华大学、西安理工大学、西安工程大学等十多所高校和科研机构的专家教授为委员，组建专家咨询团。为提升企业创新发展的意识，诸暨市科技局出台了专项奖励政策，对申报发明、实用新型和外观设计专利，授权后给予不同层次的奖励，而到国外申报发明、实用新型和外观设计专利，将给予更高奖励。对新认定的国家、省、绍兴市级专利示范企业（含知识产权贯标企业）分别给予重奖励，政府通过一系列激励政策，仅2013年就有8家袜业相关企业被评为浙江省科技型企业。

大唐镇其实不大，户籍人口才3万人，辖区面积仅为58平方千米。可在这里，如今已形成以大唐镇为中心，辐射周边12个乡镇，吸纳从业人员25万人左右的大型产业集群。大唐袜业拥有各类袜机10万多台，其中进口电脑袜机近4万台，还有纺丝机、加弹机、橡筋机、定型机、染色机械和绣花机等织袜前后道配套设备2万多台，“大唐袜业的生产装备和配套设备技术已达到了发达国家水平”①。2014年年底以来，大唐镇通过“机器换人”和“两化融合”，不仅淘汰了落后产能，提高了生产效率，提升了企业档次，还采用“退二进三”等手段，进一步推进了“大唐袜业”的转型升级。

经过转型升级，大唐镇已成为全世界最大的袜子生产加工基地，这已经是全球袜业生产经营界大部分人的共识。无论是年产200亿双袜子的生产能力，还是优良的产品质量、众多的规格品种、较高的产品性价比、及时的交货时间、令人满意的服务等，高、中、低档男袜、女袜、老人袜、婴儿袜、棉袜、化纤袜、丝袜、混纺袜、功能性袜、时尚袜、专业袜等，各种各样的袜子应有尽有，都可满足全球广大客户和采购商“一站式轻松采购”的愿望。像大唐袜业的袜子品种规格这样齐全的，在全球任何一个地方也是很少见的。

同时，《2019胡润全球袜业企业创新百强榜》结合品牌传播创新、产品创新、技术创新、渠道创新和企业管理创新五个维度进行评估，对全球袜业全产业链中的近200家企业开展专项研究。研究显示，上榜企业来自全球17个国家和地区，中国有36家企业上榜，排名第一，美国和英国分别位居第二、第三。诸暨在全球袜业的领导地位已经非常明显，在全球袜业百强中有26家在诸暨，包括友润、卡拉美拉、华海、珍珠生活、叶晓、凯诗利、和茂盛等，它们共同致力于打造产业链、互联网、物联网、AI智能和新零售于一体的产业集群2.0。“大唐袜业”现已形成了一个具有完整产业链的国家级特色小镇——“袜艺小镇”现代产业集群，尤其是经过40多年的产业积淀和文化传承，基于袜业产业集群而形成的“大唐袜业”区域品牌在全球体现出了明显优势。

---

① 资料来源：王猛，蒋建云. 大唐怎么造出大牌袜子？中国袜业之乡“九大任务”促提升［N］. 杭州日报，2014-04-14.

（五）平台品牌建设助推产业集群升级

完备的、有竞争力的平台能够帮助区域建设吸引到更多的社会资源，同时为企业发展提供更好的服务，因此，产业集群中的各类平台品牌建设将对产业集群升级产生巨大的支撑作用。

1. 会展平台：中国国际袜业博览会

1999 年 8 月，浙江省政府同意诸暨市政府和中国纺织工业协会共同举办中国国际袜业博览会。自 1999 年以来，到 2019 年诸暨已成功举办了 14 届袜博会。同时，袜博会不断丰富内容，在服务一体化、装备自动化、生产智能化、产品时尚化、市场网络化等方面取得了新发展。为发挥创意+、人才+的作用，打造创意设计的品牌形象，推动袜业转型升级，从 2016 年起，联合举办中国“大唐杯”袜艺设计大赛；2019 年，举办袜业新材料应用发展论坛、2019 首届“大唐杯”国际袜业机械装备大赛、境内外客商贸易洽谈暨第三届网上袜博会、第三届中国·诸暨科技金融暨与杭同城产融驱动高峰论坛等活动。

2. 交易平台：大唐轻纺袜业城

大唐袜业市场从最初没有建筑的路边的简易市场，历经四次迭代升级，到大唐轻纺袜业城；市场也从最开始的卖袜子，到卖轻纺原料，再到后来的卖袜机，到现在成为全世界袜业产业链产品的集散地，成为国际袜都大唐的窗口，是全球最繁荣的袜业市场。

大唐轻纺袜业城新建于 2002 年，占地 457 亩，建筑面积 17 万平方米，分为轻纺原料、袜子、袜机、物流四大交易市场。这也是大唐轻纺袜业城袜子市场的升级版，即第四代市场。①轻纺原料市场，市场内锦纶、涤纶、丙纶、氨纶、包覆纱、乳胶、棉纱、橡筋线等轻纺原料品种齐全，上海、江苏、广东、山东、辽宁、湖南等全国 250 余家大型化纤及棉纺企业均在市场设有销售窗口。目前，大唐轻纺原料市场已成为全国重要的轻纺原料集散地，为大唐袜业的繁荣发展、长盛不衰奠定了坚实的基础。②袜子市场，是国内外袜子精品名牌的展示台。目前，市场共有营业房 1300 间，袜子市场的经营户数已达到 700 多户，国内外知名品牌如步人、丹吉娅、情怡、东方缘、浪莎、梦娜、宝娜斯、波司登、老人头、登喜路、华伦天奴等均在市场设有专卖店。③大唐袜机市场，共有经销商 200 多家。意大利罗纳地、马泰克、胜歌，韩国兄弟、富胜、明光及中国台湾尧顺、大康等国际知名品牌均设有代理商和销售处，年销售各类袜机一万台以上。大唐袜机市场已成为全国最大的袜业机械集散地。④物流市场。大唐物流市场 60 余条货物托运线路联结全国主要城市和集贸市场，是诸暨市功能最全、规模最大、实力最强的现代物流中心。同时，大唐镇还将以现有的四大市场为基础，继续打造整个袜业的产业链式市场群，兴建新的袜业专业市场、袜业旗舰店、袜业总部大楼、袜业博物馆、会展中心、商务中心、现代轻纺原料市场、现代针织机械市场等。

3. 技术平台：以“袜业智库”为核心的创新服务综合体

“大唐袜业”产业集群得以升级的背后，有一个以“袜业智库”为核心的创新服务综合体在支撑，它是推动大唐袜业产业转型升级的技术主平台。大唐镇以袜业智库为主阵地，形成了浙江纺织袜业研究院、世界袜业创意设计中心、品牌保护提升服务中心、科技大市场大唐分中心、高层次人才服务中心、创新金融服务中心、互联网+服务中心、外经外贸服务中心、袜业双创空间九大创新服务体系，基本建成产业链、资金链、创新链融合的袜业创新服务综合体。2019 年，浙江诸暨率先实施了袜业数字化转型专项行动，大唐袜业搭上了数字化改造快车，建成了一批“数字车间”“数字工厂”，每年设计开发几万款时尚袜和功能袜，平均每天有将近 60 万单袜品快递发往全国各地。

浙江纺织袜业研究院堪称大唐袜业转型升级的强大技术引擎。经过多年建设发展，浙江纺织袜业研究院的袜业关键技术研发中心、袜艺打样中心、纺织材料研发中心、浙江省袜业产品质量检验中心四大中心为广大纺织袜业企业在技术咨询、检验检测、产品开发、成果转化、人才培训等方面提供卓有成效的科技创新服务。①袜业关键技术研发中心以纺织袜业关键技术、质量检测共性技术、袜业织造智能装备技术为主线，承担纺织袜业关键共性技术攻关，促进企业间技术开发、技术转让，成果转化和推广，接受企业技术升级和技术改进等各类技术咨询服务；②袜艺打样中心是袜艺样品开发设计、陈列、打样中心，能够满足各类袜品的打样需求，可承接各类袜品的打样和小批量订单；③纺织材料研发中心以新型纤维材料、新型复合纱线材料和功能性织物制品的研发为重点研究方向，开展功能性纺织袜业新材料制备技术领域的关键工艺和设备的研究与开发，同时可进行新型纤维、复合纱线和织物材料的性能分析与检测；④浙江省袜业产品质量检验中心是一家面向社会各界提供纺织袜业产品质量检测、技术咨询、科学研发等服务的第三方质检技术服务机构，已具备从袜子原料到成品全项目及服装、鞋类等产品常规项目的检测能力。

第六章 多产地企业使用区域品牌的意愿性：地理标志品牌视角

一、问题提出：多产地企业为何“冷处理”区域品牌

区域品牌建设必须有区域内产业链上各类企业参与才能产生成效，企业参与区域品牌建设的意愿程度也将影响区域品牌的发展水平。农业企业如果在多个地理标志产品的产区加工、生产产品，那么该企业就成为多产地农业企业，其在产品包装上使用某个地理标志的行为实际上是对地理标志品牌的使用。地理标志和地理标志品牌，两者所指向对象接近，但却是分属于不同专业领域的一组概念，地理标志是知识产权的一种，属于法律概念；而地理标志品牌强调顾客品牌认知，属于市场概念。2019 年修订的《商标法》指出：“标示某商品来源于某地区，该商品的特定质量、信誉或者其他特征，主要由该地区的自然因素或者人文因素所决定的标志。”农产品区域品牌，即“特定区域内相关机构、企业和农户等所共有的，在生产地域范围、品种品质管理、品牌使用许可、品牌行销与传播等方面具有共同诉求与行动，以联合提高区域内外消费者的评价，使区域产品与区域形象共同发展的农产品品牌”（浙江大学CARD 农业品牌研究中心中国农产品区域品牌价值评估课题组，2011）。

（一）区域品牌建设中企业参与行为的倾向性

国内学术界在关注区域品牌和企业品牌相互关系的同时，也从不同的视角对区域品牌建设中的企业参与行为展开研究。李勇刚（2005）通过建立模型对产业集群内各企业建设维护区域产业品牌的投入进行分析，发现当区域产业品牌这种公共产品难以排除“搭便车”效应时，区域产业品牌建设维护上所获得的实际投入会明显低于合理的均衡水

平；吴水龙等（2010）对区域品牌的创建模式进行研究，发现区域内企业品牌的实力、区域品牌的发展程度是影响企业的区域品牌创建意识的重要因素；曹琳（2012）认为，使用者不注重地理标志品牌建设等问题在全国范围内普遍存在，规模较小的地理标志产品尤为明显；赵卫宏等（2014）认为，在区域品牌化过程中，组织决策受到模仿趋同压力的影响，该压力来源于一个区域内的资源优势规范性、产业优势规范性、产品优势规范性和行业准则规范性等；高式英等（2015）通过构建非对称博弈模型分析企业共建区域文化品牌的风险，发现企业相对产量、两家企业的合作次数、区域品牌的产出等因素都影响企业参与区域品牌共建的倾向性；王兴元等（2017）研究了原产地品牌塑造模式，发现企业自治型、中心领导型、政府主导型、品牌协会主导型四种原产地品牌塑造模式下企业所具有的公共品牌建设意愿强度不同。总之，产业集群区域内企业参与区域品牌建设的情况，会直接影响到区域品牌的创建与塑造模式。

文献表明，现有研究在以下方面已经较为丰富：①区域品牌理论构建及其深入运用；②区域品牌与企业品牌的相互关系及作用机理，这为开展本研究奠定了一定基础。不过，企业参与区域品牌建设方面的研究还并不充分，如有的研究虽然阐明了区域品牌建设中影响企业参与行为的相关因素，但对影响机理缺乏系统探讨；同时，缺乏多产地农业企业参与地理标志产品等区域品牌建设意愿性的研究，对于多产地农业企业倾向于少用或弃用区域品牌的行为，没有看到相应的文献来解释这一现象。

（二）多产地企业在区域品牌建设中的“智猪博弈”还有效吗

农业产业集群与地理标志产品之间存在一定的内在关联性。农业产业集群是保护和发展地理标志品牌的重要载体，其内部的企业生产地理标志产品。由于地理标志品牌具有共享性特征，集群内部所有企业共享品牌建设成果，所以集群内所有企业理应分担品牌建设成本。不过，有关研究通过对两家集群内企业重复博弈来共建区域品牌的过程进行分析并得出这样的结论：在市场上占据优势地位的大企业，往往参与集群创建品牌的意愿性较强；在市场上处于劣势地位的小企业，更偏向在共建品牌中采取欺骗行为，即搭便车策略。以上现象可以用博弈论中的一个经典纳什均衡模型“智猪博弈”来解释：大企业相当于“大猪”，小企业相当于“小猪”，最终结果是“大猪”选择行动，而“小猪”选择等待。相关研究还指出，大企业对产业集群和地理标志品牌的形成有着重要的影响，所以大企业的积极参与对塑造地理标志品牌至关重要。

但是对于地理标志品牌的建设活动而言，在现实中这种现象并没有完全得到验证。一方面，规模和市场份额较小的农业企业确实存在搭便车行为：一些规模较小的地理标志核准企业，不积极参与区域品牌的建设，却享受着区域品牌的公共品牌效应，即区域品牌带来的正外部性，并从中获得大量利益；另一方面，一些规模较大、市场份额较高的知名农业企业通常在全国范围内拥有多个产区，参与各产地的地理标志品牌建设并不积极。调查发现，这类多产地企业在对待地理标志品牌时，一般采用“冷处理”的做法——很少使用甚至完全不使用（弃用）它。比如华润五丰米业（中国）有限公司、黑龙江省北大荒米业集团有限公司、中粮米业有限公司等企业所生产的地理标志产品均在不同程度上弃用了地理标志品牌；即使使用地理标志品牌，面对不同的地理标志品牌，其使用情况也存在较大差异。据京东电商平台上的五丰京东自营旗舰店显示，“华润五丰”大米其产地为五常市的四款产品中，只有两款使用“五常大米”地理标志品牌，而“华润五丰”牌大米在方正大米、梅河大米等地理标志产品产区却均未使用“方正大米”和“梅河大米”区域品牌（2019 年 12 月数据）。

研究表明，集群内部共享性资源对资源型地区的产业集群竞争力起关键作用，而原产地要素禀赋中属于共享性资源类型，不仅会对当地农业产业集群的竞争力产生关键影响，更决定着基于农业产业集群的地理标志品牌发展。那么，在原产地资源禀赋层面，到底有哪些因素会影响多产地农业企业使用地理标志品牌的意愿性，它们的影响机制是什么？

影响程度有多大？这些问题有待我们去探究。解释清楚这些问题，研究原产地要素禀赋对当地地理标志品牌发展的影响，对提升多产地农业企业参与各产地地理标志品牌共建的意愿性，促进地理标志品牌的稳健发展将会有很大益处。

二、多产地企业使用地理标志品牌意愿性的模型设计与解释

（一）相关概念界定

企业使用地理标志品牌的意愿是指企业是否愿意在其生产产品的包装上使用地理标志品牌，同时为地理标志品牌的宣传推广投入一定的营销成本。现规定多产地农业企业使用第 i 种地理标志品牌的意愿性系数，W_i 等于其对第 i 种地理标志品牌的使用率，即企业生产的第 i 种地理标志产品的所有产品数量中使用该地理标志品牌的产品数量所占比重，$0 \leqslant W_i \leqslant 1$，$W_i$ 越大则企业使用该种区域品牌的意愿性越强，对区域品牌的依赖性越大。

研究表明，企业在销售某种地理标志产品时，在地理标志品牌上的营销投入及其带来的市场产出之间比较值大小，将是决定企业是否适用地理标志品牌意愿性的关键因素。因此，考虑设计两个模型：企业销售某种地理标志产品的利润函数模型 π_i 及是否使用地理标志品牌时利润之差模型 $\Delta\pi_i$，并通过模型中各构成变量来研究它们是怎样对多产地农业企业使用某种地理标志意愿性产生影响的（见图 6-1）。

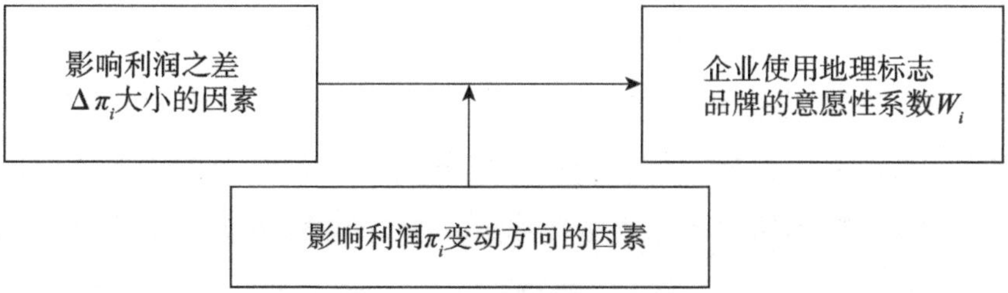

图 6-1　三个重要变量的逻辑关系

（二）模型设计

1. 模型Ⅰ：企业销售某种地理标志产品的利润函数模型

为研究方便，规定农业企业仅生产销售地理标志产品（而不生产非地理标志产品），并拥有 N 个生产地理标志产品的产地，同时属于这些地理标志产品的地标核准企业，企业生产的地理标志产品均满足相关的质量标准。令需求函数为关于零售价格和营销成本的函数，直接成本为产品生产成本，间接成本为产品的品牌营销成本，并且考虑产品所使用品牌的品牌强度对需求价格弹性的影响，由此建立企业销售产自第 i 个产地的地理标志产品的利润函数模型。农业企业销售由不同产地生产的地理标志产品的利润可以表示如下："企业销售第 i 种地理标志产品的利润函数=产品销售毛利-品牌营销成本"，其中，"产品销售毛利=产品销售收入-产品生产成本"，品牌营销成本包括地理标志品牌和企业品牌营销成本。

产品销售收入为产品零售价与销量之积。其中，该种地理标志产品的销量 Q 是关于地理标志产品零售价 P 和产品品牌营销成本 M 的函数，即 $Q(P,\ M)=kP^{-\varepsilon}M^{\sigma}$，其中，$k$ 为需求函数系数，ε、σ 分别为需求价格弹性（为了便于比较弹性值的大小，令其为正值）和需求营销成本弹性；$k>0$，$0<\varepsilon<1$（农产品为必需品，缺乏弹性），$0<\sigma<1$。

企业销售地理标志产品时，若仅使用企业拥有的品牌（简述为企业品牌，下同），则产品单价为 P_{0i}；若仅使用地理标志品牌，则产品单价为 P_{1i}；若同时使用二者，则产品单价为 P_i［记 $P_i=\max(P_{0i},\ P_{1i})$］。若企业使用地理标志品牌，则会为其投入一定的营销成本。农业企业的品牌营销预算为 M_0。由于多产地农业企业生产的各种地理标志产品的价格不同，所以，应分别考虑企业为各种地理标志产品投入的地理标志品牌和企业品牌营销成本。令第 i 种地理标志产品的品牌营销预算为 m_i，$m_i=m_{0i}+m_{1i}$，$\sum_{i=1}^{N}m_i=M_0$，$m_i>0$，其中，为企业品牌投入的营销成本为 m_{0i}，为相应地理标志品牌投入的营销成本为 m_{1i}。

销售第 i 种地理标志产品时，存在是单独使用地理标志品牌或企业品牌，以及两类品牌的组合使用等情形。由于不同地理标志产品对两类品牌的不同使用，致使需求价格弹性 ε_i（$i=1, 2, \cdots, N$）有所不同；当企业为各种地理标志品牌投入营销成本时，需求营销成本弹性 σ_{1i}（$i=1, 2, \cdots, N$）也不相同；当为企业品牌投入营销成本时，即用企业品牌直接面对消费者，不重视地理标志品牌的促销作用，此时不同产地的产品需求营销成本弹性相同，为 σ_0。农业企业在不同产地生产的地理标志产品质量均满足相应的执行标准，单位生产成本分别为 c_i（$i=1, 2, \cdots, N$）。

农业企业在销售第 i 种地理标志产品时，将其所采用的品牌策略划分为以下四类：①仅使用地理标志品牌（$m_{0i}=0$，$m_{1i}=m_i$）；②仅使用企业品牌（$m_{0i}=m_i$，$m_{1i}=0$）；③同时使用二者，但更强调地理标志品牌（$m_{1i}>m_{0i}>0$，$m_{0i}+m_{1i}=m_i$）；④同时使用二者，但更强调企业品牌（$m_{0i}>m_{1i}>0$，$m_{0i}+m_{1i}=m_i$）。因此，该种地理标志产品若仅使用企业品牌，销量为 $kP_{0i}^{-\varepsilon_i}m_{0i}^{\sigma_0}$，毛利为 $k(p_{0i}-c_i)P_{0i}^{-\varepsilon_i}m_{0i}^{\sigma_0}$；若仅使用地理标志品牌，销量为 $kP_{1i}^{-\varepsilon_i}m_{1i}^{\sigma_{1i}}$，毛利为 $k(p_{1i}-c_i)P_{1i}^{-\varepsilon_i}m_{1i}^{\sigma_{1i}}$；若同时使用二者，销量为 $kP_i^{-\varepsilon_i}(m_{0i}^{\sigma_0}+m_{1i}^{\sigma_{1i}})$，毛利为 $k(P_i-c_i)P_i^{-\varepsilon_i}(m_{0i}^{\sigma_0}+m_{1i}^{\sigma_{1i}})$。将品牌营销成本从产品销售毛利中扣除，即得到企业销售该种地理标志产品的利润总额。

由以上分析，农业企业销售第 i 种地理标志产品的利润可表达为

$$\pi_i = k\frac{m_{0i}}{m_i - m_{1i}}\left(1-\frac{m_{1i}}{m_i - m_{0i}}\right)(p_{0i}-c_i)\,p_{0i}^{-\varepsilon_i}m_{0i}^{\sigma_0} + k\frac{m_{1i}}{m_i - m_{0i}}\left(1-\frac{m_{0i}}{m_i - m_{1i}}\right)(p_{1i}-c_i)\,P_{1i}^{-\varepsilon_i}m_{1i}^{\sigma_{1i}} + k\frac{m_{0i}}{m_i - m_{1i}}\frac{m_{1i}}{m_i - m_{0i}}(p_i - c_i)\,p_i^{-\varepsilon_i}(m_{0i}^{\sigma_0}+m_{1i}^{\sigma_{1i}}) - (m_{0i}+m_{1i}) \tag{6-1}$$

其中，$P_i=\max\{P_{0i}, P_{1i}\}$。

式（6-1）中，$\frac{m_{0i}}{m_i - m_{1i}}(1 - \frac{m_{1i}}{m_i - m_{0i}})$、$\frac{m_{1i}}{m_i - m_{0i}}(1 - \frac{m_{0i}}{m_i - m_{1i}})$、$\frac{m_{0i}}{m_i - m_{1i}} \frac{m_{1i}}{m_i - m_{0i}}$分别为第1、2、3项的调节系数，由于$\frac{m_{0i}}{m_i - m_{1i}}$和$\frac{m_{1i}}{m_i - m_{0i}}$的取值均为0或1，那么企业所采用品牌策略的不同会促使这三个调节系数的取值也为0或1。第1项表示只使用企业品牌（$m_{0i} = m_i$，$m_{1i} = 0$）时，$\pi_i = k(P_{0i} - c_i)P_{0i}^{-\varepsilon_i} m_i^{\sigma_0} - m_i$，此时第1、3项系数为0；第2项表示当该种地理标志产品只使用地理标志品牌（$m_{0i} = 0$，$m_{1i} = m_i$）时，产品销售收入减去生产成本后余额$\pi_i = k(P_{1i} - c_i)P_{1i}^{-\varepsilon_i} m_i^{\sigma_{1i}} - m_i$，此时第2、3项系数为0；第3项表示同时使用地理标志品牌和企业品牌（$m_{0i} \neq 0$，$m_{1i} \neq 0$）时，$\pi_i = k(p_i - c_i)p_i^{-\varepsilon_i}(m_{0i}^{\sigma_0} + m_{1i}^{\sigma_{1i}}) - m_i$，此时第1、2项系数为0；第4项表示多产地农业企业为该种地理标志产品投入的总品牌营销成本。无论地理标志产品采取哪类品牌策略，该函数的第1、2、3项不可能同时为0。

因此，农业企业销售N种地理标志产品的总销售利润可表达为

$$\pi = \sum_{i=1}^{N} \pi_i = k \begin{bmatrix} \frac{m_{0i}}{m_i - m_{1i}}(1 - \frac{m_{1i}}{m_i - m_{0i}})(p_{0i} - c_i)p_{0i}^{-\varepsilon_i} m_{0i}^{\sigma_0} \\ + \frac{m_{1i}}{m_i - m_{0i}}(1 - \frac{m_{0i}}{m_i - m_{1i}})(p_{1i} - c_i)P_{1i}^{-\varepsilon_i} m_{1i}^{\sigma_{1i}} \\ + \frac{m_{0i}}{m_i - m_{1i}} \frac{m_{1i}}{m_i - m_{0i}}(p_i - c_i)p_i^{-\varepsilon_i}(m_{0i}^{\sigma_0} + m_{1i}^{\sigma_{1i}}) \end{bmatrix} - M_0 \tag{6-2}$$

2. 模型Ⅱ：企业单独使用地理标志品牌和单独使用企业品牌的利润之差模型

在仅使用地理标志品牌与仅使用企业品牌时两种情形下，企业销售第i种地理标志产品的利润之差可表示为

$$\Delta \pi_i = k(P_{1i} - c_i) P_{1i}^{-\varepsilon_i} m_i^{\sigma_{1i}} - m_i - [k(P_{0i} - c_i) P_{0i}^{-\varepsilon_i} m_i^{\sigma_0} - m_i] \tag{6-3}$$

经整理，得

$$\Delta \pi_i(P_{0i}, P_{1i}, m_i, \sigma_{1i}) = k(P_{1i} - c_i) P_{1i}^{-\varepsilon_i} m_i^{\sigma_{1i}} - k(P_{0i} - c_i) P_{0i}^{-\varepsilon_i} m_i^{\sigma_0} \tag{6-4}$$

利润之差 $\Delta\pi_i$ 是关于变量 P_{0i}、P_{1i}、σ_0、σ_{1i} 的函数。多产地农业企业销售第 i 种 地理标志产品，在其仅使用地理标志品牌和仅使用企业品牌两种情形下，企业所获利润之差 $\Delta\pi_i > 0$ 时，则具有使用该种地理标志品牌的意愿；$\Delta\pi_i$ 值越大，则企业使用该种地理标志品牌的意愿性越强。

三、原产地资源禀赋对多产地企业使用地理标志品牌意愿性的影响

要素禀赋是农业生产活动中所需要的基本的物质条件和投入要素，它不仅包括传统的生产要素（如自然资源、土地、劳动力、资本、技术），还包括现代生产要素（如制度、信息、管理等）。基于共享性资源的概念，对原产地要素禀赋进行提取，其中与地理标志产品的生产活动相关，且属于共享性资源的自然地理要素，诸如自然资源丰富程度、地理标志产品的质量技术规范等。多产地企业使用地理标志品牌意愿性研究可在企业决策理性且内部资源充足的基础上仅考虑原产地资源禀赋去展开分析。

（一）模型Ⅰ的理论推演分析

结合研究目标，考虑品牌强度对需求价格弹性 ε_i 的影响（Bolton，1989；Boulding，Lee and Stealin，1994）。品牌强度是确定被评估品牌较之同行业其他品牌所处的地位，决定了品牌未来的现金流入能力，反映了品牌对企业收入的贡献程度，能衡量品牌在将其未来收益变为现实收益过程中的风险。品牌是需求价格弹性的决定因素之一，品牌强度越大，

则需求价格弹性越小；反之亦然（Bell，Chiang and Padmanabhan，1999；Danaher and Brodie，2000；HA，Harald J. and Rik G. M.，2005）。

考虑第 i 种地理标志产品的需求价格弹性对销售利润的影响，对利润函数“式（6-1）”进行求导分析，得出 π_i 是关于 ε_i 的单调递减函数（P>1），即无论该种地理标志产品采取何种品牌策略，需求价格弹性的值越小，企业销售该种地理标志产品所获的利润越大。

在分别考虑区域品牌和企业品牌的品牌强度高低基础上，会形成区域品牌和企业品牌的品牌强度组合 2×2 矩阵（四个象限）。将品牌强度矩阵与地理标志产品对区域品牌和企业品牌的四类使用情况结合考虑，则品牌综合强度通过影响需求价格弹性的大小，从而导致销售利润的增加（+）或减少（-）。企业往往倾向采取有利于销售利润增加的品牌策略，按照该产地产品使用区域品牌的四类使用情况进一步细分品牌强度组合矩阵，并分析企业生产某种地理标志产品采取不同品牌策略时对销售利润的影响（见图 6-2），以第二象限中“策略（1）”为例，由于仅使用区域品牌，即使企业品牌强度高，当区域品牌强度低时，这种品牌组合策略仍会导致销售利润的减少（-）等。因此，区域品牌的品牌强度高低，会影响企业使用区域品牌的意愿性；在区域品牌（农产品领域的地理标志品牌）和企业品牌的不同品牌强度组合下，π_i 的变动方向会受到地理标志产品所采用不同品牌策略的影响。

由此可见，多产地企业使用地理标志品牌的意愿性，与原产地自然资源的丰富程度、地理标志产品的质量技术规范水平存在关系。地理标志产品主要受到自然因素（原产地的气候、土壤、水质、天然物种等）和人文因素（原产地特有的产品生产工艺、流程、配方等）的影响，若地理标志产品的质量更好，则会进一步提高地理标志品牌的强度。而根据比较优势理论，地理标志品牌强度受到原产地自然资源和地理标志技术规范的影响。原产地自然资源越丰富、地理标志技术规范的水平越高，则地理标志品牌强度 BS_i 越高，多产地企业使用地理标志品牌的意愿性越强。

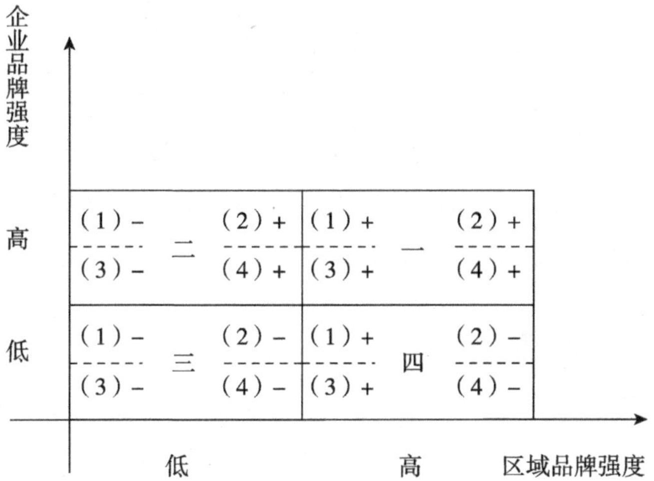

图 6-2　地理标志产品采取不同品牌策略对销售利润的影响

（二）模型Ⅱ的影响变量分析

考虑 P_{0i}、P_{1i}、σ_0、σ_{1i} 对 $\Delta\pi_i$ 的影响，对利润之差函数“式（6-4）”进行分析与讨论，求导得出 $\Delta\pi_i$ 是关于 P_{1i} 、σ_{1i} 的单调递增函数，及关于 P_{0i} 、σ_0 的单调递减函数。

1. 影响 P_{0i} 、P_{1i} 的相关变量

通常，当地理标志产品仅使用企业品牌时，投入的企业品牌营销成本 m_{0i} 会直接影响产品价格 P_{0i} ，且 m_{0i} 与 P_{0i} 呈正相关关系。由于 $\Delta\pi_i$ 是关于 P_{0i} 的单调递减函数，因此，$\Delta\pi_i$ 是关于 m_{0i} 的单调递减函数。为地理标志产品投入的企业品牌营销成本 m_{0i} 是由企业的经营决策所决定的，原产地的资源禀赋不会直接影响 m_{0i} 的大小。

由于产品价格由供求关系决定，当地理标志产品仅使用地理标志品牌时，共享该种地理标志品牌的企业数量 n_i 会影响供给曲线的变化（刘华军，2010）。图 6-3 中 c_i 为成本，$S_i^{(1)}$、$S_i^{(2)}$ 为第 i 种地理标志产品的供给曲线，对应的共享该种地理标志品牌的企业数量分别为 $n_i^{(1)}$、$n_i^{(2)}$，假定 $n_i^{(1)} < n_i^{(2)}$，由于较多的企业数量可以增加商品的供给量，因此 $S_i^{(2)}$ 较 $S_i^{(1)}$ 更为靠右。当供给曲线为 $S_i^{(1)}$ 时，企业可将价格定在 $P_{1i}^{(1)}$

的水平上，此时由供给曲线决定的销量为 $Q_i^{(1)}$。当共享该种地理标志品牌的企业数量增加后，供给曲线由 $S_i^{(1)}$ 右移至 $S_i^{(2)}$，此时在确保销售量 $Q_i^{(1)}$ 的前提下，企业需要将价格由 $P_{1i}^{(1)}$ 降低至 $P_{1i}^{(2)}$。比较定价空间的前后变化，容易发现 $P_{1i}^{(2)} < P_{1i}^{(1)}$，这说明了 P_{1i} 与 n_i 呈负相关关系。由于 $\Delta\pi_i$ 是关于 P_{1i} 的单调递增函数，因此，$\Delta\pi_i$ 是关于共享该种地理标志品牌的企业数量 n_i 的单调递减函数。

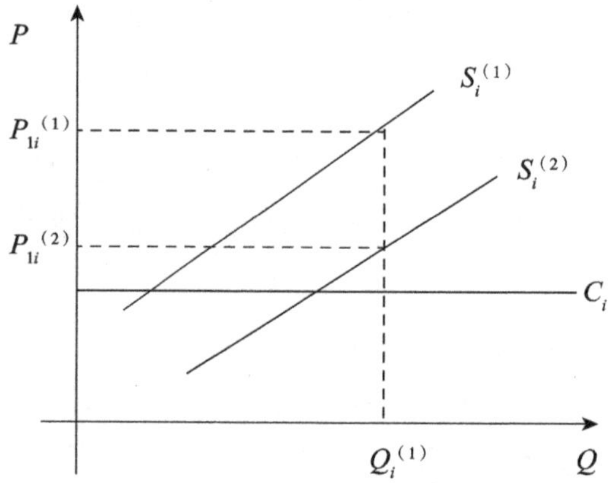

图 6-3 供给曲线变动的品牌定价权模型

随着地理标志产品的质量技术规范水平的提高，生产该产品的企业准入门槛增高，相应的，经核准使用地理标志产品专用标志的企业数量相对会下降，即共享某种地理标志品牌的企业数量 n_i 减少，通常来说，核准企业的 $\Delta\pi_i$ 与地理标志产品的技术规范水平呈正相关关系。

2. 影响 σ_{1i} 的相关变量

第 i 种地理标志品牌的品牌强度 BS_i 会影响地理标志的营销成本弹性 σ_{1i} 的大小：由于随着 BS_i 增高，市场对该种地理标志产品的需求表现得更为稳健，对于营销成本的变化表现得不敏感（王立荣，2018），σ_{1i} 减小，故 σ_{1i} 与 BS_i 呈负相关关系；共享第 i 种地理标志品牌的企业数量 n_i 越多，必然会减弱（分散）地理标志品牌强度 BS_i。因此，$\Delta\pi_i$ 与第 i 种地理标志品牌的品牌强度 BS_i 呈正相关关系，与共享第 i 种地理标志品牌的企业数量 n_i 呈负相关关系。结合 BS_i 、n_i 与原产地自然资源丰富程度、地理标志产品的技术规范水平的相关关系分析，则可知 $\Delta\pi_i$ 与原产地自然资源的丰富程度、地理标志产品的技术规范水平呈正相关关系。

3. 影响 σ_0 的相关变量

同理，企业品牌的品牌强度 BS_0 会影响企业品牌的营销成本弹性 σ_0 的大小：随着 BS_0 增强，市场对企业品牌产品的需求表现会更好，对区域品牌产品的需求相对会减弱，其对地理标志产品营销成本的变化表现得更敏感，需求的营销成本弹性 σ_0 增大，故 σ_0 与 BS_0 呈正相关关系。企业所销售地理标志产品的种数 N，同样影响企业品牌的营销成本弹性 σ_0 的大小：由于企业品牌带来的需求增长由各种地理标志产品共享，随着企业所销售地理标志产品种数 N 的增加，需求对于企业品牌营销成本的变化表现得更敏感，需求的营销成本弹性参数 σ_0 增大，故 σ_0 与 N 呈正相关关系。因此，$\Delta\pi_i$ 与企业所销售地理标志产品的种数 N 呈负相关关系。

假定企业决策理性，在资金充足的条件下，农业企业在收益与成本之间进行权衡取舍，充分利用原产地和企业自身的区域优势，重视农产品生产的地域分工。农业企业进行多个产地的战略布局，虽然交通条件可以影响区域发展，但是自然条件仍然起着空间锁定的作用。因此，某个原产地的资源禀赋会影响企业是否在此地进行投产的决策，而企业所拥有的产地数量 N 是由企业的经营决策所决定的，某个原产地的资源禀赋不会直接影响 N 的大小。

综上所述，原产地的资源禀赋通过影响 P_{0i} 、σ_{1i} 两个重要变量决定着在仅使用地理标志品牌时与仅使用企业品牌时两种情形下，企业销售第 i 种地理标志产品的利润之差 $\Delta\pi_i$，而企业使用地理标志品牌的意愿性归根到底由 $\Delta\pi_i$ 决定，所以，原产地自然资源的丰富程度、地理标志产品的质量技术规范水平等资源禀赋对企业使用地理标志品牌的意愿性产生重要影响。

四、实证分析：北大荒米业集团对“五常大米”等区域品牌的选择性采用分析

（一）企业参与“五常大米”地理标志品牌共建投入决策分析

随着农业供给侧结构性改革不断深化，我国已进入了加速农业品牌培育的重点阶段。以在全国地理标志品牌中处于领先地位的五常大米为例，阐述地理标志品牌的建设和使用过程中面临的一些问题，并继续基于企业的视角，在前文分析结果的基础上，进一步验证与探索影响企业参与地理标志品牌共建投入决策的影响因素。

1. “五常大米”地理标志品牌的发展现状

五常市的地貌呈“六山一水半草二分田”的格局，具备有利于水稻生长的气候、水量、土壤等自然资源优势，赋予了五常大米独特的品质：颗粒饱满、质地坚硬、饭粒油亮、香味浓郁。五常是典型的农业大市，是全国单季水稻生产第一大县。2017 年，五常市常用耕地面积共 25.9169 万公顷，其中水田 14.7127 万公顷，全市现有获证大米生产加工企业 261 家。五常大米作为黑龙江省第一批地理标志保护产品，执行 GB/T19266 标准，该标准各项指标均高于 GB1354 大米国家标准。“五常大米”曾拥有“中国地理标志保护产品”“产地证明商标”“中国知名产品”“中国知名农产品”和“中国驰名商标”五项桂冠于一身，全国仅五常一家，现在已成功进入俄罗斯以及中国香港等国家和地区的市场。

在国家质量监督检验检疫总局开展的 2015 年和 2016 年区域品牌价值评价工作中，五常大米区域品牌价值评估分别为 425.92 亿元和 428.22 亿元人民币；在中国品牌建设促进委员会开展的 2017 年和 2018 年中国品牌价值评价活动中，五常大米的品牌价值分别为 639.55 亿元和 670.7 亿元人民币。①

① 中国品牌建设促进会于 2013 年 6 月 18 日在北京正式成立，由国家质量监督检验检疫总局、财政部、工信部、中国国际贸易促进会、中央电视台五家单位联合发起，经国务院同意、民政部批准的唯一从事品牌工作的全国性社会团体。中国品牌价值评价活动最初由国家质量监督检验检疫总局主导，后移交给中国品牌建设促进会负责。

2. 企业参与“五常大米”地理标志品牌建设中存在的问题

截至2019年6月，五常大米的地标核准企业共218家，其中，溯源企业98家、非溯源企业29家、溯源申请企业91家（地标核准企业：经国家质监总局核准并公告允许使用地理标志产品专用标志的企业；溯源认证企业：申请加入五常大米溯源防伪体系，并经溯源认证的企业）。

（1）非知名企业的“搭便车”现象普遍存在。除了五常大米的218家地标核准企业以外，在市场上存在着相当数量的在产品包装和宣传时擅自使用地理标志产品的专用标志的非知名企业。有些非知名企业既不为地理标志品牌的营销推广做出贡献，也不关注企业产品的质量提升，更不会加入产业商会并参加商会活动和对当地农民进行技术培训。这些企业生产的稻米产品质量没有保证，却冒用地理标志品牌，以次充好，损害整体利益。在五常稻米产业商会的94家大米生产成员企业中，有40家企业未获得地标核准。即使这些企业加入了商会，其生产的稻米产品也没有满足地理标志产品的行业标准。虽然它们在地理标志品牌建设中有商会会费投入，但是它们在稻米的质量提升方面有所欠缺。

（2）知名企业建设地理标志品牌的意愿性不强。由农业农村部市场与信息化司支持，中国优质农产品开发服务协会、中国粮食行业协会等单位共同主办的中国大米品牌大会分别在2016年与2018年发布过“中国十大好吃米饭”评选结果，共有4家五常大米知名企业的大米品牌先后上榜。为了分析它们参与地理标志品牌共建的意愿性，对这4个大米品牌所销售的产品进行了调查，并统计产品包装上对地理标志品牌相关内容的使用情况（见表6-1）。在隶属于这4个大米品牌且产地为五常的44种产品类别中，有28个产品种类都在包装上使用了“五常大米”“五常稻花香”等字样，但是其中仅有8个产品种类将这些字样设计得较为醒目（即字号大小设计得比产品品牌的字号更大），还不到总数的1/3。由此可见，拥有知名大米品牌的知名企业虽然具有较强的使用地理标志品牌的意愿性，但其把企业品牌及自有产品品牌的建设摆在更为重要的位置，而在地理标志品牌建设方面的意愿性不强。

表 6-1　4 个大米品牌产品包装上的地理标志相关字样使用情况

序号	知名企业	产品品牌	产品种类数量	产品包装上印有“五常大米”“五常稻花香”字样的个数	地理标志品牌相关字样较为醒目的个数（与产品品牌相比）
1	五常葵花阳光米业有限公司	葵花阳光牌五常大米	12	7	4
2	五常市金福泰农业股份有限公司	金福乔府大院牌五常大米	17	12	4
3	中粮米业（五常）有限公司	福临门牌五常大米	10	5	0
4	黑龙江省五常金禾米业有限责任公司	聖上壹品牌五常大米	5	4	0
合计			44	28	8

数据来源：葵花阳光天猫旗舰店、金福乔府大院天猫旗舰店、中粮福临门米面京东自营旗舰店、聖上壹品食品天猫旗舰店。

五常大米天猫官方旗舰店（五常市政府与天猫商城达成战略合作，销售带有溯源防伪码的五常大米的官方旗舰店）所销售的大米产品包装上全部带有“五常大米”的注册商标及由地理标志产品专用标志、“五常”产地证明商标（鹰标）、溯源码组成的五常大米防伪溯源标识，这些产品来自 38 家五常的大米企业。这 38 家企业全部为地标核准企业和溯源企业，在质量提升和溯源防伪方面都严格把控，维护了地理标志品牌的良好形象。

在被认定为黑龙江省农业产业化省级重点龙头企业的八批名单中，共有 11 家五常大米企业（见表 6-2）。在这 11 家龙头企业中，符合地标核准且加入五常市稻米产业商会并入驻五常大米天猫官方旗舰店的企业只有 3 家，可见当地大米企业中的龙头企业在区域品牌建设方面的参与度不高，所做的工作并不充分。

表 6-2　五常大米龙头企业的地理标志品牌建设参与情况

序号	五常大米企业中的农业产业化省级重点龙头企业	是否为地标核准企业	是否加入稻米产业商会	是否入驻五常大米天猫官方旗舰店
1	五常市金福泰农业股份有限公司（国家级）	是	否	是
2	黑龙江省五常金禾米业有限责任公司	是	是	是
3	五常市五发米业有限公司	是	是	否
4	黑龙江龙乾粮油加工有限公司	是	否	是
5	五常市绿珠米业有限公司	是	否	是
6	五常市顺泽米业有限公司	是	是	是
7	五常市金财米业有限公司	否	否	否
8	五常葵花阳光米业有限公司	是	否	否
9	五常市千丰米业有限公司	是	是	是
10	黑龙江省五米常香农业科技发展股份有限公司	是	否	是
11	五常市永祥精制米有限公司	是	否	否

（3）中粮“福临门”牌大米的部分产品弃用“五常大米”地理标志品牌。

通过以上对知名企业使用和建设地理标志品牌意愿性的分析发现，虽然知名企业倾向于使用“五常大米”品牌，但中粮“福临门”牌大米中产地为五常的产品对“五常大米”这一地理标志品牌使用较少，只达到了总数的一半。为什么会出现这样的现象？其背后原因值得进一步探究。

“福临门”品牌大米隶属于中粮集团，其连续七年蝉联全国大米类市场综合占有率第一位。而中粮粮谷在全国拥有多个优质水稻主产区，其中包括东北产区、宁夏产区和淮南产区。在原产地为五常的“福临门”牌大米产品中，部分产品在产品包装上没有使用“五常大米”地理标志品牌，而只是使用了企业自有产品品牌。如在中粮福临门米面京东自营旗舰店销售的产品“特选东北大米”（产地共有17处，五常为其中之一）、“东北大米水晶米”（产地共有17处，五常为其中之一）、“东北优质大米”（产地共有17处，五常为其中之一）、“妈妈的饭香”（产地为绥化市、五常市）、“金典特选长粒香米”（产地共有17处，五常为其中之一）等就弃用了“五常大米”地理标志品牌，这些产品均对大米的原产地之一五常没有提及。

出现这种现象的原因可能是因为中粮粮谷作为多产地的企业且企业集团的品牌效应更强，而众多产地产出的大米对应着不同的大米地理标志品牌，所以多地产的企业不可避免地更倾向于建设企业自有品牌。

（二）北大荒集团大米商品对地理标志品牌的使用

黑龙江省北大荒米业集团有限公司（简称北大荒）成立于2001年，北大荒总部坐落于哈尔滨市，属黑龙江省农垦总局直属企业，位列全国大米加工业首位，是黑龙江垦区以专业从事稻谷综合加工、销售为主，粮食贸易、电子商务、包装印刷为辅的国家级产业化龙头企业。根据北大荒官网数据，集团公司下辖8个股份制制米子公司，集团公司的水稻原粮来自7个原产地，其中5个原产地培育的水稻为地理标志产品（$i=1, 2, 3, 4, 5$）。以京东电商平台上北大荒米业京东自营旗舰店所销售的商品数据为基础，共13种“百年寒地”系列大米商品，其中11种大米商品的原粮产自北大荒集团的自有产区（2种大米产品委托其他企业生产）。

实证部分将对企业数据进行三个步骤分析：首先，统计11种大米商品包装上对地理标志品牌的使用情况，分别计算得出企业对各种地理标志品牌的使用率$W_i(i=1, 2, 3, 4, 5)$，并综合比较企业使用5种地理标志品牌的意愿性强弱；其次，通过5个原产地的资源禀赋对P_{0i}、σ_{1i}两个重要变量的影响，分析原产地资源禀赋对多产地农业企业使用地理标志品牌的意愿性 W_i 的影响；最后，验证企业使用不同地理标志品牌的意愿性 W_i 与原产地的自然资源丰富程度、地理标志产品的质量技术水平的相关关系。其中，以 $NR_i(i=1, 2, 3, 4, 5)$ 表示各个原产地自然资源的丰富程度，以 $QT_i(i=1, 2, 3, 4, 5)$ 表示各种地理标志产品的质量技术规范水平。不对变量 NR_i 与 QT_i 作具体赋值，仅对各原产地的两种资源禀赋按大小排序以进行对比分析。

依据具有代表性的大米商品的产地信息，对集团公司拥有 5 个原产地所生产的地理标志产品进行对比分析，得到大米商品对地理标志品牌的使用情况。“百年寒地”系列大米商品均为市场主销商品，通过强调产地属性来突出商品的品质优势，此系列商品加工自不同原产地生产的地理标志产品。若这些主销商品加工自某种地理标志产品，则说明企业强调该原产地，企业间接使用了该种地理标志品牌；若这些商品包装上进一步直接表明了地理标志品牌，则说明企业直接使用了该种地理标志品牌；然后分别计算得出企业对各种地理标志品牌的间接使用率和直接使用率，将两类使用率加权平均，得出企业对各种地理标志品牌的使用率 W_i（见表 6-3）。

表 6-3　北大荒“百年寒地”系列 11 种大米商品对地理标志品牌的使用情况

下辖制米公司	原粮产地	地理标志产品	间接使用地理标志品牌		直接使用地理标志品牌		地理标志品牌的使用率 W_i（%）
			商品种数	使用率（%）	商品数	使用率（%）	
五常制米厂	哈尔滨市、五常市	五常大米（$i=1$）	10	90.9	4	36.4	63.7
肇源县制米厂 吉密河制米公司	大庆市肇源县	肇源大米（$i=2$）	4	36.4	0	0	18.2
卫星制米厂	鸡西市、虎林市	珍宝岛大米（$i=3$）	2	18.2	0	0	9.1

续表

下辖制米公司	原粮产地	地理标志产品	间接使用地理标志品牌		直接使用地理标志品牌		地理标志品牌的使用率 W_i（%）
			商品种数	使用率（%）	商品数	使用率（%）	
连珠山制米厂	鸡西市、密山市	兴凯湖大米（i =4）	0	0	0	0	0
泰来制米厂	齐齐哈尔市泰来县	泰来大米（i =5）	0	0	0	0	0

注：地理标志品牌的使用率 W_i =（地理标志品牌的间接使用率+地理标志品牌的直接使用率）/2。

数据来源：北大荒米业集团有限公司官方网站、京东电商平台“北大荒米业京东自营旗舰店”。

由此可见，北大荒使用五常大米、肇源大米、珍宝岛大米、兴凯湖大米、泰来大米 5 种地理标志品牌的意愿性依次递减（$W_1 > W_2 > W_3 > W_4 > W_5$），即企业使用 5 种地理标志品牌的意愿性依次递减。5 个原产地自然资源情况和地理标志产品质量技术规范的相关数据（见表 6-4）。

表 6-4　北大荒 5 个原产地自然资源情况和地理标志产品质量技术规范的相关数据

地理标志产品	原产地	自然资源			质量技术规范	
		土地资源	水资源	气候资源	理化指标	相关标准
五常大米（i = 1）	哈尔滨市、五常市（i = 1）	沙壤土、草甸土	溪浪河、拉林河、牤牛河	中温带大陆性气候，位于第一积温带	蛋白质含量无；直链淀粉含量 15% ~ 20%；胶稠度 ≥ 70mm；食味品质 ≥ 85分	国家标准

续表

地理标志产品	原产地	自然资源			质量技术规范	
		土地资源	水资源	气候资源	理化指标	相关标准
肇源大米（$i=2$）	大庆市肇源县（$i=2$）	黑钙土、草甸土	松花江、嫩江	北温带大陆性气候，位于第一积温带	蛋白质含量≥5%；直链淀粉含量>17%；胶稠度≥80mm；食味品质：86分	团体标准
珍宝岛大米（$i=3$）	鸡西市、虎林市（$i=3$）	—	—	寒温带大陆性季风气候，位于第二积温带	蛋白质含量6%～8%；直链淀粉含量14%～18%；胶稠度≥70mm；食味品质：—	—
兴凯湖大米（$i=4$）	鸡西市、密山市（$i=4$）	草甸白浆土	大、小兴凯湖	寒温带大陆性季风气候，位于第二积温带	蛋白质含量≥7%；直链淀粉含量≥16%；胶稠度≥78mm；食味品质≥80分	—
泰来大米（$i=5$）	齐齐哈尔市泰来县（$i=5$）	草甸型水稻土	嫩江、呼尔达河、小绰尔河、二龙涛河、托力河、乌裕尔河	中温带大陆性季风气候，位于第一积温带	蛋白质含量7%～8%；直链淀粉含量15%～18%；胶稠度≥65mm；食味品质：—	—

注：表中的“—”表明数据无法通过二手资料获取。

数据来源：中国地理标志网、全国农产品地理标志查询系统、《地理标志产品 五常大米》（GB/T 19266-2008）国家标准。

北大荒集团各原产地均分布在黑龙江省内，拥有较为丰富的自然资源，生态地理环境利于粮食作物生长：均拥有适宜培育水稻的肥沃土壤，如黑土系列的白浆土和黑钙土、养分丰富的草甸土、重要耕作土壤水稻土等；均拥有充足的淡水资源，水质良好、灌溉田地；均处于第一、第二积温带，气候条件适宜稻米产业发展，提供有效积温（排列更前的积温带，热量条件更好，作物生长发育阶段内逐日平均气温更高）。在5个原产地中，3个原产地位于第一积温带，生产的地理标志产品为五常大米、泰来大米、肇源大米；两个原产地位于第二积温带，生产的地理标志产品为珍宝岛大米、兴凯湖大米。因此，前三者的自然资源丰富程度略高于后两者，即 NR_1、NR_2、$NR_5 > NR_3$、NR_4。

在地理标志产品的质量技术规范方面，国家市场监督管理总局、国家标准化管理委员会颁布了《地理标志产品 五常大米》（GB/T 19266-2008）国家标准；而肇源县粮食协会颁布了《肇源大米长粒香》（T/ZYLX 001-2019）、《肇源大米长粒香》（T/ZYLX 002-2019）》团体标准；而其他3个原产地生产的地理标志产品，均未颁布相关的质量技术标准，质量技术规范水平较前两者更弱。因此，可以得到北大荒5个原产地质量技术规范水平的排序，即 $QT_1 > QT_2 > QT_3$、QT_4、QT_5。

由此可见，相较于“珍宝岛大米”“兴凯湖大米”“泰来大米”，“五常大米”（$i=1$）和“肇源大米”（$i=2$）的原产地自然资源更丰富，且地理标志产品的质量技术规范水平更高。由于原产地自然资源更丰富，这两种地理品牌强度 BS_1 和 BS_2 更高，导致对这两种地理标志品牌的营销成本弹性 σ_{11} 和 σ_{12} 更大；由于原产地质量技术规范水平更高，这两种地理标志品牌的企业数量 n_1 和 n_2 更少，单独冠以这两种地理标志品牌的产品价格 P_{11} 和 P_{12} 更高，对这两种地理标志品牌的营销成本弹性 σ_{11} 和 σ_{12} 更大。因此，企业分别单独使用这两种地理标志品牌与单独使用“北大荒”企业品牌的利润之差 $\Delta\pi_1$ 和 $\Delta\pi_2$ 更大，企业使用这两种地理标志品牌的意愿性 W_1 和 W_2 更强。这些分析基本验证了北大荒集团使用5种地理标志品牌的意愿性，与5个原产地的自然资源丰富程度、地理标志产品的质量技术规范水平密切相关：原产地的自然资源越丰富、地理标志产品的质量技术规范水平越高，则企业使用原产地拥有的地理标志品牌的意愿性越强。

（三）案例的理论意义与实践启示

当前，企业共建区域品牌的现有研究并不充足，而且此类研究多数只是分析区域品牌建设中企业的参与行为，却没有针对影响企业进行区域品牌建设投入决策的具体因素展开研究，对于多产地农业企业品牌策略的研究更为缺乏。本书通过模型推演与分析，对多产地农业企业使用地理标志品牌的意愿性展开分析，得出影响其相关因素。多产地农业企业使用地理标志品牌的意愿性，受到各原产地资源禀赋的重要影响：多产地企业使用地理标志品牌的意愿性，与原产地自然资源的丰富程度、地理标志产品的质量技术规范水平呈正相关关系。一般来说，如果原产地自然资源越丰富、地理标志产品的技术规范水平越高，企业使用地理标志品牌的意愿性会更强。

多产地企业参与地理标志品牌建设的积极性不强，这不利于地理标志品牌的长远发展。为避免这种倾向，一是需要针对相关影响因素采取有效的鼓励（或约束）措施，以引导多产地农业企业参与区域公用品牌的建设，如出台保护环境的法律法规以保存丰富的自然资源，制定严格的地理标志产品质量技术规范等；二是探索地理标志品牌和企业品牌的品牌组合策略，推动两类品牌协同发展。

不过，理论研究基础的薄弱及数据和相关资料搜集的困难性使研究内容有待深化，需要在以下方面进一步挖掘和探索：①通过对模型的分析，得出影响多产地企业使用地理标志意愿性的相关影响因素，可能并不全面，所以有必要进一步探索其他影响因素；②区域品牌的品牌强度对多产地企业使用区域品牌意愿性的影响机制需要进一步深化分析；③本书主要以农业企业（地理标志产品）为研究对象，由于农业行业及农产品的特殊性（其产量受到种植规模限制及产品缺乏需求弹性等），所得出的研究结论可能并不能运用到多产地工业企业上去。今后，这些方面的研究都有待加深。

第七章　研究结论与启示

产业集群与区域品牌协同演进，需要发挥政府、行业协会、专业机构和广大企业主体的合力作用，统筹策划组织、协调政策资源、促进产业集群发展，支持区域内企业品牌建设，加快培育区域品牌。国家工业和信息化部等部委提出的产业集群区域品牌建设的相关政策、措施比较到位，地方政府和企业全面贯彻、落实将能推动产业集群与区域品牌协同提升。

一、研究结论

（一）推进产业集群生态治理有利于确保区域品牌有序运营

产业集群是区域品牌得以形成的重要支撑，区域品牌市场影响力的扩大有赖于产业集群的稳健发展和科学治理。随着实践发展，产业集群已超越了一般产业范围，成为由相互关联的企业、知识生产机构、职业培训机构、中介机构、金融机构、服务外包商及半政府机构等相关组织在一定区位集聚，形成的上、中、下游结构完整、外围产业体系健全、具有资源共享、生产灵活等特性的有机系统。在产业集群的内涵扩大后，产业集群共生系统已逐渐由制造系统的工业共生扩展至制造业与制造业之间、制造业与生产性服务业之间的产业共生，再扩展至制造业、生产性服务业、专业市场、行业商会、政府等主体之间的跨类共生，由此，产业集群的共生治理已由单一领域企业共生演变为在一定的集群区域中涵盖工业共生、产业共生、跨类共生在内的多产业、多领域的“大共生”治理。

产业集群内只有供应链顺畅，区域品牌才能有序运营，并实现高质量发展。产业集群治理需要以发展“生态产业”与“产业生态”的理念推进，利用好产业生态发展规律和应对好生态环境保护要求，夯实区域品牌发展的产业基础。引导产业集群内支柱企业主动完善产业链上下游企业在标准、技术、质量和物流等方面的接口，并积极采用国际先进标准，制定高于国家和行业标准的联盟标准、企业标准，加强质量控制和技术评价，发挥支柱企业在产业集群升级的中流砥柱作用，为区域品牌建设创造扎实的产品基础。

（二）加强顶层设计和营销策划有助于推动区域品牌成功创建

地方政府要结合区域产业的特色，确定区域产业集群发展的战略方向和目标。区域品牌管理部门有必要运用顶层设计理念、品牌管理理论、营销策划方法开展区域品牌策划，明确区域品牌的核心价值主张、品牌内涵、品牌战略和品牌定位或再定位；要为区域品牌设计品牌名称、品牌形象识别系统、品牌载体等，通过申报国家地理标志、集体商标、原产地注册、证明标志等集体品牌，依法保护区域品牌知识产权。

建立企业使用区域品牌的认证制度和许可制度。区域品牌具有共享性特征，但是，一旦其中某个企业生产和销售低劣产品，区域品牌就会贬值，甚至成为低劣商品的代名词。因此，政府或者行业协会应该从制度设计角度，引导产业集群内企业加强行业自律，共同制定使用区域品牌的产品质量、服务标准，打击假冒伪劣和侵权产品，以维护区域品牌在市场上的形象。

在使用传统媒体开展区域品牌传播的同时，善于运用好自媒体等新媒体工具，构建起包括公众号、专属小程序、自有商城等基于私域流量的闭环价值体系；鼓励集群内商会、协会等行业组织带动企业建立联合营销渠道，实现区域品牌与企业品牌共同成长。要加强区域品牌传播和宣传，并引导企业参与宣传区域品牌，共同扩大区域品牌和企业品牌的社会影响。

（三）发展以区域品牌为核心的品牌体系有益于驱动产业集群全面升级

产品质量是企业品牌创建、产业集群升级的前提条件、重要抓手，产业集群升级必须紧紧依托产品质量的改进，与此同时，品牌创建（无论是企业品牌，或是区域品牌，还是平台品牌）必须建立在产品质量的基础上。区域品牌的形成既可能是一个自然的市场行为，也可以是一个计划的组织行为，无论哪种行为，它们都有赖于产品质量的持续改进。研究表明，建立和发展区域品牌是产业集群升级创新的重要途径。以区域品牌为核心的品牌体系还应包括企业品牌和平台品牌，三类品牌相互促进、相互成就。

加强区域品牌信誉和风险管理。区域品牌要支持企业拓展营销渠道，扩大市场影响。建立区域品牌和相关企业品牌的舆情监控系统，及时发现和处理失信行为。要科学评价和管理区域质量安全和信誉风险，制定风险控制预案，防止出现严重信誉损害。

完备的、有竞争力的平台能够帮助区域建设吸引到更多的社会资源，同时为企业发展提供更好的服务，因此，产业集群中的各类平台品牌建设将对产业集群升级产生巨大的支撑作用。实践表明，产业集群发展得比较好的区域，基本上建立了会展平台、交易平台、技术平台，并形成了有较大影响力的平台品牌，比如在“大唐袜业”产业集群中，拥有中国国际袜业博览会等会展平台，大唐轻纺袜业城等交易平台，以“袜业智库”为核心的创新服务综合体等技术平台；在“高安建陶”产业集群中，建有中国（高安）国际陶瓷博览会等会展平台，以江西建陶会展中心等作为陶瓷采购交易平台，国家级建筑卫生陶瓷检验检测中心及建筑卫生陶瓷工程技术研究中心等技术平台。会展平台、交易平台的建设有助于扩大产业集群在行业中的市场影响力，推动产业集群在价值链上升级；技术平台的作用发挥将有助于提升集群内产品的技术含量和科技水平，从而助推产业集群的产品升级。

企业品牌也是区域品牌的坚实基础，品牌建设非常强调给外界树立统一、规范的品牌形象，而为达到该要求，企业必须开展一系列的标准化工作，从而实现规范企业运作、提升企业管理水平、改进产品质量的目标，换言之，品牌创建将倒逼产品质量改进。地方政府可以会同相关专业机构建立品牌服务平台，依法在土地使用、税收减免、资金扶持、奖励激励等方面为企业品牌建设提供支持，并组织企业学习实践科学的品牌培育方法，指导企业建立和完善品牌管理体系。龙头企业、支柱企业应建立首席品牌官制度，开展品牌经理及品牌专业知识培训，积极参与区域品牌建设。

二、研究发现

（一）产业集群区域品牌存在“竞合—分岔—协同”现象

区域品牌正日益受到各级地方政府的高度重视，正因为如此，现实中多个地方争夺一个区域品牌的事件频频发生。从系统科学的角度为区域品牌发展寻求更深刻、更科学的作用机理的同时，将开展对系统科学理论，特别是系统科学的应用理论研究，尝试通过完善集群竞合下区域品牌特色建设和区域品牌再定位等手段，探讨区域品牌协同共生模式，寻求“区域品牌之争”系统、科学的解决办法，推动区域品牌更好地服务区域经济发展。

借助混沌学中的分岔、分形和协同等理论研究产业集群与区域品牌问题，可以发现，在同质区域品牌之间，竞争是必然的，竞合是可取的，分岔是有技巧的，协同是可期的等一系列认识。产业集群区域品牌的运动轨迹可称为“竞争—（随机性）分岔—混沌”的演化机制，因而，系统要改变混沌态，必须将系统的随机性分岔行为引导转为选择性分岔。系统选择性分岔的实现机制是竞合博弈。

面对混沌问题，找到系统演化的分岔点，引导系统正确选择极为重要。改变区域品牌的混沌状态，首先，要改变区域品牌的竞争方式，变竞争为竞合；其次，在竞合过程中，引导同质区域品牌向不同方向有选择地分岔；最后，推动分岔的区域品牌错位竞争和协同发展，从而让竞合成为区域品牌的集体意愿，使分岔成为区域品牌的主动选择，把协同作为区域品牌的共同追求。

（二）多产地企业使用区域品牌的意愿性不高

拥有多个产地的企业在参与市场竞争时，更倾向于使用企业品牌，而很少使用甚至完全不使用（弃用）区域品牌，这一现象是区域品牌建设者与管理者所不愿意看到的。研究发现，多产地企业使用区域品牌的意愿性，与产地资源的丰富程度、区域产品的质量技术规范水平、区域品牌强度等呈正相关关系。区域品牌管理者应出台保护环境（生态环境与人文环境）的法律法规以保存丰富的自然资源或社会资源，制定严格的区域产品质量技术规范，引导企业探索区域品牌和企业品牌的品牌组合策略等政策措施以应对市场竞争，促进区域品牌和企业品牌共同成长。

三、研究启示

各地区由于历史禀赋、发展水平不同，产业集群区域品牌创建应根据不同产业集群的发展实际，分类别、有层次地推进。

优先发展具有悠久历史的区域品牌。一些区域品牌有着上百上千年的历史（如“千年瓷都——景德镇”），它们在历史的长河中已形成自己特有的区域文化、产业文化，有着良好的产业基础、市场基础、群众基础，在国内外享有盛誉，优先发展这类区域品牌，能够为当地区域品牌成功建设开好头，起好步。

重点发展现有产业集群的区域品牌。有些产业集群已渐成规模，产业链基本完备，企业与企业之间依存度高，重点发展它们，主要是因为这些集群已有一定的产业基础，企业创牌与区域立牌的欲望与动力较强，具备了形成区域品牌的重要条件。一旦施行的政策措施有力，在这类产业集群中发展区域品牌，并取得突破是可能的。

加速发展在土特产基础上的区域品牌。一些传统土特产品名声在外，但可能由于龙头企业转制不成功，或者经营失败等原因，当前缺乏有实力的企业和企业集群作支撑，以致市场认同度不高，但它们也具备了形成区域品牌的部分条件，只要政策支持到位，对区域内的企业加以规范和引导，并扶持好龙头企业，仍有希望成功激活并打造区域品牌。

在确定的优先发展、重点发展、加速发展的区域之中选择一些产业集群发展区域品牌，明确区域品牌的策划/创建与运作机制、区域技术创新体系、专业市场的建设与运营、服务支撑体系、区域品牌运营中政府、企业、行业协会等相关方的权利、责任和义务等，从而推动产业集群升级，帮助区域品牌赢得国内外市场。

参考文献

[1] Bolton, Ruth N. The Relationship Between Market Characteristics and Promotional Price Elasticities [J]. Marketing Science, 1989, 8 (Spring): 153-69.

[2] Boulding, William, Eunkyu Lee, et al. "Mastering the Mix: Do Advertising, Promotion, and Sales Force Activities Lead to Differentiation [J]. Journal of Marketing Research, 1994, 31 (May): 159-72.

[3] James W Dean, David E Bowen. Management Theory and Total Quality: Improving Research and Practice through Theory Development [J]. Academy of Management Review, 1994 (19): 392 - 418.

[4] Brandenburger A M, Nalebuff B J. The Right Game Theory to Shape Strategy [J]. Harvard Business Review, 1996, 73 (4): 57-71.

[5] Bell, David R, Jeongwen Chiang, et al. The Decomposition of Promotional Response: An Empirical Generalization [J]. Marketing Science, 1999, 18 (4): 504-526.

[6] Danaher, Peter J, Roderick J, et al. Understanding the Characteristics of Price Elasticities for Frequently Purchased Packaged Goods [J]. Journal of Marketing Management, 2000, 16 (8) : 917-36.

[7] Victor Gilsing. Cluster Governance: How Clusters Can Adaptand Renewover Time [R]. Copenhagen: Paperprepared for the DRUID PHD-conference, 2000.

[8] Luo Y , Park S H. Strategic Alignment and Performance of Market-Seeking MNCs in China [J]. Strategic Management Journal, 2001 (22): 141-155.

[9] W Wendi, P Fergola, C Tenneriello. Innovation Diffusion Model in Patch Environment [J]. Applied Mathematics and Computation, 2003, 134 (1): 51-67.

[10] Dooley Gregory, Bowie David. Place Brand Architecture: Strategic Management of the Brand Portfolio [J]. Place Branding, 2005, 1 (4): 402-419.

[11] Bijmolt Tammo H A, Vanheerde, Harald J Pieters, et al. New Empirical Generalizations on the Determinants of Price Elasticity [J]. Journal of Marketing Research, 2005, 42 (2): 141-156.

[12] Gereffi G, Humphrey J and Sturgeon T. The Governance of Global Value Chains [J]. Review of International Political Economy, 2005 (12): 78-104.

[13] Enright M. The Globalization of Competition and the Localization of Competitive Advantage: Policies toward Regional Clustering. In Hood, N. And Young S. Globalization of Multinational Enterprise and Economic Development [M]. London: Macmillan, 2006.

[14] Smedlund A, Toivonen M. The Role of KIBS in the IC Development of Regional Clusters [J]. Journal of Intellectual Capital, 2007, 8 (1): 135-141.

[15] George Allen. Place Branding: New Tools for Economic Development [J]. Design Management Review, 2007, 18 (2): 60-68.

[16] Timothy Sturgeon, Johannes Van Biesebroeck and Gary Gereffi. Value Chains, Networks and Clusters: Reframing the Global Automotive Industry [J]. Journal of Economic Geography, 2008, 8 (3): 297-321.

[17] Carlo Pietrobelli. Global Value Chains in the Least Developed Countries of the World: Threats and Opportunities for Local Producers [J]. International Journal of Technological Learning, Innovation and Development, 2008 (4): 459-481.

[18] Amritanshu Rajagopal. Place Branding Architecture for Eco - tourism [J]. International Journal of Leisure and Tourism Marketing, 2009, 1 (1): 58-69.

[19] Hankinson G. Place Branding Research: A Cross-disciplinary A-genda and the Views of Practitioners [J]. Place Branding and Public Diplomacy, 2010, 6 (4): 300-315.

[20] Josefina Syssne. Place Branding From a Multi-level Perspective [J]. Place Branding and Public Diplomacy, 2010 (6): 36-48.

[21] Cecilia Pasquinelli. The Limits of Place Branding for Local Development: The Case of Tuscany and the Arnovalley Brand [J]. Local Economy, 2010, 25 (7): 558-572.

[22] King C , Crommelin L . Surfing the Yinzernet: Exploring the Complexities of Place Branding in Post - industrial Pittsburgh [J]. Place Branding and Public Diplomacy, 2013, 9 (4): 264-278.

[23] Boisen M , Terlouw K , Groote P , et al. Reframing Place Promotion, Place Marketing and Place Branding - moving Beyond Conceptual Confusion [J]. Cities, 2018 (10): 4-11.

[24] Makarov P Y , Illarionov A E . The Role of Regional Administrations in Improving Place Branding Effectiveness: An Exploratory Study [J]. Journal of Place Management and Development, 2020, 13 (4): 409-427.

[25] Foroudi Pantea, et al. Place Branding: Connecting Tourist Experiences to Places [M]. In: London, New York: Routledge, 2020.

[26] 汪富泉，李后强．分形——大自然的艺术构造 [M]．济南：山东教育出版社，1996.

[27] 夏曾玉，谢健．区域品牌建设探讨——温州案例研究 [J]．中国工业经济，2003 (10): 43-48.

[28] 王祖强，虞晓红．分工网络扩展与地方产业群成长——以浙江大唐袜业为例的实证研究 [J]．中共浙江省委党校学报，2004, 20

(2)：55-60.

[29] 李永刚. 企业品牌、区域产业品牌与地方产业集群发展 [J]. 财经论丛（浙江财经学院学报），2005（1）：22-27.

[30] 王兆华，尹建华. 生态工业园中工业共生运作模式研究 [J]. 中国软科学，2005 (2)：80-85.

[31] 孟韬. 中国产业集群第3辑 [C]. 北京：机械工业出版社，2005：17-21.

[32] 赵喜清，贾宽峰. 用非递归方法解决分形几何问题 [J]. 河北北方学院学报（自然科学版），2005（3）：25-27.

[33] 洪军. 网络组织动态博弈分析与复杂性定性仿真研究 [D]. 南京：东南大学，2005.

[34] 蒋廉雄，朱辉煌，卢泰宏. 区域竞争的新战略：基于协同的区域品牌资产构建 [J]. 中国软科学，2005（11）：107-116.

[35] 涂山峰，曹休宁. 基于产业集群的区域品牌与区域经济增长 [J]. 中国软科学，2005（12）：111-115.

[36] 张辉. 全球价值链动力机制与产业发展策略 [J]. 中国工业经济，2006（1）：40-48.

[37] 成娟，张克让. 产业集群生态化及其发展对策 [J]. 经济与社会发展，2006（1）：102-105.

[38] 林健，范佳凤. 集群企业协同创新的智猪博弈恶化及治理 [J]. 系统工程，2006 (4)：31-34.

[39] 胡大立，谌飞龙，吴群. 企业品牌与区域品牌的互动 [J]. 经济管理，2006 (5)：44-48.

[40] 李恒. 模块化生产的激励机制与产业集群治理 [J]. 商业经济与管理，2006 (5)：41-45.

[41] 黄喜忠，杨建梅. 集群治理的一般性研究 [J]. 科技管理研究，2006（10）：51-54.

[42] 梅述恩，聂鸣，黄永明. 区域品牌的全球价值链中的企业集

群升——以广东东莞大朗毛织企业集群为例［J］. 经济管理，2006（13）：81-85.

［43］李永实．比较优势理论与农业区域专业化发展——以福建省为例［J］. 经济地理，2007（4）：621-624+628.

［44］吴文东．面向生态工业园的工业共生体成长建模及其共生效率评价［D］. 天津：天津大学，2007.

［45］霍佳震，吴群，谌飞龙．集群供应链网络的联结模式与共治框架［J］. 中国工业经济，2007（10）：13-20.

［46］唐松，周建波．区域产业品牌形成与扩散路径研究［J］. 贵州财经学院学报，2008（4）：48-53.

［47］胡铭．基于产业集群理论的农产品地理标志保护与发展［J］. 农业经济问题，2008（5）：26-31.

［48］谌飞龙，徐长庚．集群区域品牌与江西县域特色经济发展分析［J］. 金融与经济，2008（9）：77-79.

［49］熊爱华．区域品牌与产业集群互动关系中的磁场效应分析［J］. 管理世界，2008（8）：176-177.

［50］孙丽辉，盛亚军，徐明．国内区域品牌理论研究进展述评［J］. 经济纵横，2008（11）：121-124.

［51］孙丽辉，毕楠，李阳，等．国外区域品牌化理论研究进展探析［J］. 外国经济与管理，2009，31（2）：40-49.

［52］魏江，周泯非．产业集群治理：理论来源，概念与机制［J］. 管理学家：学术版，2009（6）：50-59.

［53］周泯非，魏江．产业集群治理模式及其演化过程研究［J］. 科学学研究，2010（1）：95-103，126.

［54］马向阳，陈琦，郑春东．区域品牌定位与整合营销传播研究——以天津滨海新区为例［J］. 天津大学学报（社会科学版），2010，12（2）：113-118.

［55］甘德安，杨正东．基于混沌理论分岔与分形视角的家族企业

传承研究［J］．企业改革与发展，2010（5）：154-159.

［56］刘华军．中国制造业转型的品牌定价权模型与品牌战略模式［J］．当代财经，2010（8）：76-82.

［57］吴水龙，胡左浩，黄尤华．区域品牌的创建：模式与路径［J］．中国软科学，2010（S2）：193-200.

［58］王明贤．企业竞争性战略联盟系统演化机理研究［D］．秦皇岛：燕山大学，2010.

［59］胡宪武．供应链链际竞合博弈及实证研究［D］．哈尔滨：哈尔滨理工大学，2010.

［60］浙江大学CARD农业品牌研究中心，中国农产品区域品牌价值评估课题组．2010中国农产品区域品牌价值评估报告［J］．农产品市场周刊，2011（2）：3-20.

［61］李志刚，张吉军，荀建林．基于系统混沌理论的企业创新过程管理研究［J］．企业经济，2011（2）：31-34.

［62］周伟．区域公共问题治理与地方政府协作机制构建［J］．吉首大学学报：社会科学版，2011（4）：107-110.

［63］曹琳．基于品牌延伸的地理标志产品可持续发展机制研究［J］．云南财经大学学报，2012，28（1）：123-131.

［64］谌飞龙．产业集群“大共生”治理的形成逻辑及运用框架分析［J］．吉首大学学报（社会科学版），2012（1）：119-123.

［65］李亚林．区域品牌对产业集群升级路径的影响研究［J］．企业导报，2012（18）：153-155.

［66］王兴元，张鹏．公共品牌创建与治理研究：意义、现状及趋势［J］．山东社会科学，2012（11）：146-149.

［67］郑秋莹，姚唐，邱琪，等．企业营销战略思想的嬗变——从竞争到竞合的博弈分析［J］．现代管理科学，2013（2）：48-50.

［68］谌飞龙，程月明，周泽宇．产业集群条件下区域品牌的发展演变——以混沌理论为视角［J］．江西社会科学，2013，33（10）：

223-227.

[69] 尤振来，倪颖．区域品牌与企业品牌互动模式研究——以轮轴型产业集群为背景 [J]．科技管理研究，2013，33 (10)：79-83.

[70] 姬志恒，王兴元．“中国地理标志”品牌治理模式的多案例研究 [J]．现代经济探讨，2013 (12)：87-90.

[71] 邹小勇，闫俊强．标准化视角下中山市产业集群升级探析 [J]．当代经济，2013 (23)：102-103.

[72] 马向阳，刘肖，焦杰．区域品牌建设新策略——区域品牌伞下的企业品牌联合 [J]．软科学，2014，28 (1)：26-30.

[73] 陈升，李兆洋．共享性资源对资源型地区产业集群竞争力影响的实证研究 [J]．经济地理，2014，34 (2)：114-119.

[74] 何浏，李达华，肖纯．区域品牌创新能力测评研究——以珠三角地区为例 [J]．开发研究，2014 (3)：50-54.

[75] 桑秀丽，肖汉杰，符亚杰，等．基于经验模态分解法的区域品牌价值评估及发展趋势预测 [J]．经济问题探索，2014 (4)：186-190.

[76] 唐剑，陈颜，梁山．基于竞合博弈的中小企业集群竞争力演化策略 [J]．西南民族大学学报 (人文社科版)，2014 (4)：124-127.

[77] 张玉香．牢牢把握以品牌化助力现代农业的重要战略机遇期 [J]．农业经济问题，2014 (5)：4-7.

[78] 顾高翔，王铮．技术扩散和资本流动作用下中国区域空间结构演化——基于 Agent 的模拟 [J]．地理学报，2014，69 (6)：808-822.

[79] 赵卫宏，凌娜．基于资源与制度视角的区域品牌战略 [J]．江西社会科学，2014，34 (7)：212-217.

[80] 庄德林，伍翠园，王春燕．区域品牌化模型与绩效评估研究进展与展望 [J]．外国经济与管理，2014 (9)：29-37.

[81] 雷亮．地方政府行为影响区域品牌发展的实证研究 [J]．兰州大学学报 (社会科学版)，2015，43 (1)：112-119.

[82] 黎小林，王海忠，黄丽婷．区域品牌视阈下的企业品牌正宗

性测度［J］. 广东财经大学学报，2015（2）：56-62.

［83］赵卫宏，周南，朱海庆. 基于资源与制度视角的区域品牌化驱动机理与策略研究［J］. 宏观经济研究，2015（2）：26-38.

［84］高式英，姚家万，欧阳友权. 企业共建区域文化品牌的风险及其防控研究［J］. 湖南社会科学，2015（2）：187-191.

［85］李大垒，仲伟周. 大唐袜业和义乌袜业的集群品牌模式比较［J］. 企业管理，2015（2）：66-69.

［86］罗芳，黄立军. 中国农产品品牌建设影响因素研究［J］. 农业科学研究，2015（3）：63-67.

［87］高式英，姚家万，欧阳友权. 基于产业集群的政府引导型区域产业构建研究［J］. 经济地理，2015（4）：108-113.

［88］邱爱梅. 区域品牌的治理本质［J］. 管理观察，2015（31）：64-66.

［89］李佳洺，张文忠，李业锦，等. 基于微观企业数据的产业空间集聚特征分析——以杭州市区为例［J］. 地理研究，2016，35（1）：95-107.

［90］邓向荣，曹红. 产业升级路径选择：遵循抑或偏离比较优势——基于产品空间结构的实证分析［J］. 中国工业经济，2016（2）：52-67.

［91］王顺姣. 乡村旅游合作社公共品牌治理研究［D］. 成都：西南政法大学，2016.

［92］蔡绍洪，俞立平. 循环产业集群的内涵、机理与升级研究——构建西部生态脆弱地区绿色增长极［J］. 管理世界，2016（11）：180-181.

［93］李大垒，仲伟周. 农业供给侧改革、区域品牌建设与农产品质量提升［J］. 理论月刊，2017（4）：132-136.

［94］熊爱华，邢夏子. 区域品牌发展对资源禀赋的敏感性研究［J］. 中国人口·资源与环境，2017，27（4）：167-176.

[95] 邱爱梅．消费者视角的区域品牌治理机制研究 [J]．广东社会科学，2017 (5)：35-42.

[96] 王兴元，朱强．原产地品牌塑造及治理博弈模型分析——公共品牌效应视角 [J]．经济管理，2017，39 (8)：133-145.

[97] 钱方明，宁自军．论 NVC 视角下的劳动密集型产业集群升级——以浙江濮院羊毛衫产业为例 [J]．科研管理，2018，39 (2)：94-99.

[98] 陈启斐，王晶晶，黄志军．参与全球价值链能否推动中国内陆地区产业集群升级 [J]．经济学家，2018 (4)：42-53.

[99] 刘文超，孙丽辉，辛欣．区域品牌化理论研究：国外文献述评 [J]．税务与经济，2018 (5)：54-62.

[100] 罗黎平．协同治理视角下的产业集群韧性提升研究 [J]．求索，2018 (6)：43-50.

[101] 刘磊．产业集群生态化的内涵、路径与政策——基于交易成本视角的探讨 [J]．宏观经济研究，2018 (6)：87-96.

[102] 王立荣．考虑公平偏好的供应链决策与协调研究 [D]．哈尔滨：哈尔滨工业大学，2018.

[103] 蒋新军，颜维琦，李睿宸．湖笔又见新锋韵 [N]．光明日报，2018-07-17 (1)．

[104] 暴妮妮，陈传敏，吴丽萍．山沟沟里飞出了“金凤凰”——庆元铅笔产业 40 年奋斗之路 [N]．浙江日报，2018-11-09.

[105] 赵卫宏，孙茹．驱动企业参与区域品牌化——资源与制度视角 [J]．管理评论，2018，30 (12)：154-163.

[106] 江青虎，余红剑，杨菊萍．核链网互动对产业集群升级的影响 [J]．科研管理，2018，39 (12)：61-68.

[107] 刘刚，刘捷．开放型产业创新生态系统与传统产业集群升级——以安徽省无为县高沟镇特种电缆产业集群为例 [J]．安徽师范大学学报 (人文社会科学版)，2019，47 (2)：39-50.

[108] 孙卫东．产业集群内中小企业商业模式创新与转型升级路径研究——基于协同创新的视角［J］．当代经济管理，2019，41（6）：24-29.

[109] 许晖，薛子超，邓伟升．区域品牌生态系统视域下的品牌赋权机理研究——以武夷岩茶为例［J］．管理学报，2019，16（8）：1204-1216.

[110] 吴松强，蔡文洁．知识溢出对先进制造业集群升级的影响研究——基于企业合作的中介和政府支持的调节作用［J］．华东经济管理，2019，33（10）：58-65.

[111] 熊澄宇，张学骞．集群跃升视域下创意产业要素的构成与整合［J］．江淮论坛，2020（1）：135-140.

[112] 孔梅英，吴秋明，王晓青．基于集成理论的产业集群升级路径与机理分析——以晋江制鞋产业集群为例［J］．北京化工大学学报（社会科学版），2020（1）：59-67.

[113] 俞国军，贺灿飞，朱晟君．产业集群韧性：技术创新、关系治理与市场多元化［J］．地理研究，2020，39（6）：1343-1356.

附录　国务院部委推进产业集群区域品牌建设的措施与成果

Ⅰ. 工业和信息化部开展产业集群区域品牌建设的相关措施与成果

附录1　产业集群区域品牌建设试点实施指南

为进一步推动产业集群区域品牌建设，加快培育知名度高、美誉度好、竞争力强、附加值高的区域品牌，根据《工业和信息化部关于开展产业集群区域品牌建设试点示范工作的通知》（工信部科函〔2014〕102号）要求，在总结以往试点工作实践经验的基础上，制订了产业集群区域品牌建设试点实施方案。具体内容如下：

一、试点对象及实施主体

产业集群区域品牌建设的试点对象是国家新型工业化产业示范基地等具有明显产业聚集特征的产业园区（集群集聚区）。试点工作的组织实施单位主体为所在地政府有关管理机构或县级以下人民政府。试点工作周期一般为三年左右。

二、试点申报条件

（一）基本条件。区域主导产业符合国家产业发展方向。近三年区域内未出现重特大质量安全、安全生产、环境保护和信誉损害等事故。承诺对区域品牌建设做出规划部署，成立相应机构，并对开展试点示范工作提供必要工作条件和经费支持。

（二）具有较强的产业影响力。主导产业在国际或国内同类产业中具有明显竞争优势，在地区工业经济中占有重要地位。主要核心技术拥有自主知识产权，关键技术指标达到或超过国内先进水平，发展前景良好。

（三）具有较好的区域品牌建设工作基础。在区域品牌发展规划、统计评价、信誉监测、营销平台打造等方面已经开展了一定工作，具备较好的基础。区域内行业组织和骨干企业有参与区域品牌建设的积极性。对国家新型工业化产业示范基地予以优先支持。

三、试点工作内容

（一）实施区域品牌发展战略。建立健全区域产业监测机制，持续监测产业发展的内外部环境，评估产业发展趋势，分析区域产业的优势、劣势、挑战和机遇，确定区域产业发展的定位、方向和目标。结合区域产业特色和优势，明确区域品牌的核心价值、品牌内涵和品牌定位，规划区域品牌发展的目标和路径，组织实施区域品牌发展战略，构建区域品牌形象识别系统。

（二）健全区域品牌管理机制。发挥政府、企业、社会组织、专业机构合力，支持建立健全区域产业联盟、行业协会等区域品牌管理机构，管理与区域品牌相关的公共资源。指导管理机构制定团体标准、确定共同行为准则，探索构建区域品牌准入和退出机制，建设公共服务平台和营销平台，强化行业自主管理、资源共享和自律规范。

（三）夯实区域品牌发展基础。鼓励和引导区域企业开展多种形式的经济技术合作，提高专业化协作水平，完善产业链，打造创新链，提升价值链。支持产学研协同合作，推动产业集群共性技术研发和推广应用，引导创新资源向集群集聚。加强公共服务平台建设，提升品牌培育、创意设计、质量管理、检验检测、知识产权保护等服务能力。

（四）引导企业培育自主品牌。研究制定鼓励企业培育自主品牌的政策措施，依法在土地使用、税收减免、资金扶持、奖励激励等方面为企业品牌建设提供支持。组织企业学习实践科学的品牌培育方法，指导企业建立完善品牌管理体系。组织开展品牌经理以及品牌专业知识培训，引导骨干企业建立首席品牌官制度。

（五）**健全区域品牌保护机制**。通过申报集体商标、证明商标等集体品牌，依法保护区域品牌知识产权。组织或支持行业组织企业开展质量信誉承诺、自我声明等活动，推动行业自律。建立区域品牌和相关企业品牌的舆情监控系统，及时发现和处理失信行为。科学评价和管理区域质量安全和信誉风险，制定风险控制预案，防止出现严重信誉损害。

（六）**打造区域品牌营销和宣传平台**。分步整合区域品牌传播和宣传渠道，组织开展品牌巡展发布、产业链对接、供需见面、工商交流等活动，打造区域品牌营销和宣传平台。支持建设产业集群展览展示平台、电子商务平台等公共营销渠道，推动线上电子商务与线下专业市场融合发展。引导企业参与宣传区域品牌，共同扩大区域品牌和企业品牌的社会影响。

（七）**健全区域品牌评价制度**。结合产业特点，组织开发区域品牌建设评价体系，建立数据采集和报送机制，定期测量品牌建设长短期绩效，健全区域品牌建设统计评价制度。每年至少开展一次评价工作，并制订和实施改进措施。

四、试点工作程序

（一）**自愿申报**。符合申报条件的组织实施单位按照自愿申报的原则，填写《产业集群区域品牌建设试点申报书》并加盖公章后，向各省、自治区、直辖市和计划单列市工业和信息化主管部门（以下简称省级工业和信息化主管部门）提出申请，并在中国工业质量品牌网产业集群区域品牌建设在线管理系统上完成试点申报。

（二）**初审推荐**。省级工业和信息化主管部门审查申报材料，出具推荐意见，通过在线管理系统完成推荐操作，同时将两份纸型纸质申报材料报工业和信息化部（科技司）。

（三）**复审核定**。工业和信息化部（科技司）组织专家评审，经过公示后，确定产业集群区域品牌建设试点地区。

（四）**开展试点**。组织实施单位根据试点工作方案组织开展试点工作，确保政策措施到位，工作项目进度和目标达到预期要求。

（五）**总结评价**。组织实施单位应积极参加产业集群区域品牌建设试点示范相关的调研、经验交流等活动，每年对工作开展情况以及区域品牌建设效果进行总结，通过在线管理系统提交相关材料。

（六）**示范申报**。对完成试点任务的产业集群区域品牌建设试点单位，如在试点过程中取得经过验证并具有推广价值的区域品牌建设经验，可向工业和信息化部申报产业集群区域品牌建设示范区。

五、工作要求

（一）**加强组织领导**。对产业集群区域品牌建设试点，各省、自治区、直辖市和计划单列市工业和信息化主管部门要加强监督管理，指导其按照试点申报书推进试点工作，确保政策措施到位，工作项目进度和目标达到预期要求，并及时将有关情况报工业和信息化部科技司。

（二）**加强专业化指导**。工业品牌培育专家组和相关专业机构要积极发挥作用，在品牌培育、质量管理、知识产权管理等方面提供专业支撑和服务。有条件的地方工业和信息化主管部门、试点工作组织实施单位要积极组织产学研联合、服务平台建设等工作，保证试点工作科学、高效。

（三）**加强合作和扶持**。各级工业和信息化主管部门要加强政策和项目扶持，积极争取地方政府财政、税收等政策支持，在工业转型升级、技术改造和技术创新、标准制修订项目等方面，给予试点示范区域及有关企业倾斜扶持。要加强与财政、发展改革、商务、工商、质检等部门的合作，共同推进产业集群区域品牌建设。

附录2　第一批产业集群区域品牌建设试点工作组织实施单位和产业集群名单

工信部科函〔2014〕438号

序号	组织实施单位	主导产业
1	北京经济技术开发区管理委员会	数字显示产业
2	滨海高新技术产业开发区管理委员会	锂电池产业
3	清河县工业促进局	羊绒产业
4	瓦房店市人民政府	轴承产业
5	通化医药高新技术产业开发区	医药产业
6	四平市人民政府	换热器产业
7	伊春市工业和信息化委员会	森林食品产业
8	上海江南智造创意产业促进中心	文化创意产业
9	常熟市服装城管理委员会	秋冬装产业
10	镇江市经济和信息化委员会	香醋产业
11	扬中市人民政府	工程电气产业
12	海宁经济开发区	皮革时装产业
13	温岭市人民政府	机床工具产业
14	嵊州市人民政府	领带产业
15	襄阳高新技术产业开发区管委会	汽车产业
16	随州市经济和信息化委员会	专用汽车产业
17	中山市古镇镇人民政府	灯饰产业
18	汕头市澄海区人民政府	玩具产业
19	东莞市清溪镇人民政府	光电通信产业
20	深圳市经济贸易和信息化委员会	时尚产业（含内衣、服装、黄金珠宝、钟表等产业）
21	德阳广汉高新技术产业园区管理委员会	油气装备产业
22	吴忠金积工业园区管委会	清真食品和用品产业

附录3　第二批产业集群区域品牌建设试点工作组织实施单位和产业集群名单

工信部科函〔2015〕198号

序号	组织实施单位	主导产业
1	中关村科技园区管理委员会	软件与信息产业
2	定兴县工业和信息化局	休闲食品产业
3	扬州高新技术产业开发区管理委员会	数控成形机床产业
4	南通市通州区人民政府	家纺产业
5	南京软件谷管理委员会	软件产业
6	温州市经济和信息化委员会	服装产业
7	瑞安市人民政府	汽摩配产业
8	临沂经济技术开发区管理委员会	工程机械产业
9	诸城市人民政府	食品产业
10	民权产业集聚区管理委员会	制冷产业
11	武汉国家生物产业基地建设管理办公室	生物产业
12	湛江市经济和信息化局	小家电产业
13	夹江县人民政府	陶瓷产业
14	东坡区人民政府	东坡泡菜产业
15	泸州酒业集中发展区有限公司	白酒产业

附录4　第三批产业集群区域品牌建设试点工作组织实施单位和产业集群名单

工信部科函〔2016〕144号

序号	推荐单位	组织实施单位	主导产业
1	天津市工业和信息化委员会	天津子牙循环经济产业区管理委员会	循环经济产业
2	河北省工业和信息化厅	宁晋县工业和信息化局	电线电缆产业

续表

序号	推荐单位	组织实施单位	主导产业
3	河北省工业和信息化厅	隆尧县东方食品城管理委员会	食品产业
4	河北省工业和信息化厅	辛集皮革城制衣工业区管理委员会	皮革产业
5	吉林省工业和信息化厅	敦化市人民政府	木制品产业
6	江苏省经济和信息化委员会	常州市新北区西夏墅镇人民政府	切削工具产业
7	江苏省经济和信息化委员会	江苏省汾湖高新技术产业开发区管理委员会	电梯产业
8	江苏省经济和信息化委员会	常州国家高新技术产业开发区管理委员会	传感器产业
9	江苏省经济和信息化委员会	无锡（太湖）国际科技园管理委员会	物联网产业
10	江苏省经济和信息化委员会	江苏省泰兴经济开发区管理委员会	精细化工产业
11	浙江省经济和信息化委员会	安吉县人民政府	椅业产业
12	浙江省经济和信息化委员会	湖州市吴兴区人民政府	童装产业
13	安徽省经济和信息化委员会	六安市叶集经济开发区管理委员会	木材加工产业
14	江西省工业和信息化委员会	赣州市南康区工业和信息化局	家具产业
15	江西省工业和信息化委员会	鹰潭国家高新技术产业开发区管理委员会	铜及铜合金循环利用产业
16	江西省工业和信息化委员会	江西崇仁工业园区管理委员会	变电设备产业
17	山东省经济和信息化委员会	海阳市人民政府	毛衫产业
18	山东省经济和信息化委员会	德州市陵城区经济和信息化局	新型纺织产业
19	山东省经济和信息化委员会	滕州市经济和信息化局	机床产业
20	山东省经济和信息化委员会	梁山县工业园管理委员会	专用汽车产业
21	山东省经济和信息化委员会	高青县人民政府	白酒产业

续表

序号	推荐单位	组织实施单位	主导产业
22	河南省工业和信息化委员会	太康县人民政府	锅炉压力容器产业
23	湖北省经济和信息化委员会	宜昌市伍家岗区人民政府	数控机电装备产业
24	湖南省经济和信息化委员会	醴陵市人民政府	陶瓷产业
25	湖南省经济和信息化委员会	长沙市开福区人民政府	湘绣产业
26	湖南省经济和信息化委员会	浏阳市烟花鞭炮管理局	花炮产业
27	广东省经济和信息化委员会	中山市人民政府石岐区办事处	家居产业
28	广东省经济和信息化委员会	广东翁源经济开发区	公共安全与应急材料产业
29	广东省经济和信息化委员会	广州市增城区新塘镇人民政府	牛仔服装产业
30	广东省经济和信息化委员会	广州市天河区科技工业和信息化局	互联网产业
31	广东省经济和信息化委员会	丰顺县人民政府	电声产业
32	广西壮族自治区工业和信息化委员会	柳州市阳和工业新区管理委员会	汽车产业
33	四川省经济和信息化委员会	攀枝花钒钛高新技术产业开发区管理委员会	钒钛产业
34	青岛市经济和信息化委员会	青岛市市北区人民政府	橡胶产业
35	青岛市经济和信息化委员会	即墨市人民政府	纺织服装产业
36	青岛市经济和信息化委员会	青岛市城阳区人民政府	轨道交通装备产业
37	宁波市经济和信息化委员会	宁波模具产业园区投资经营有限公司	模具产业
38	新疆生产建设兵团工业和信息化委员会	新疆生产建设兵团第八师经济委员会	节水产业

附录5　第四批产业集群区域品牌建设试点工作组织实施单位和产业集群名单

工信部科函〔2017〕549号

序号	申报单位	主导产业
1	河北省石家庄高新技术产业开发区管理委员会	生物医药产业
2	河北省平乡高新技术产业开发区	童车产业
3	河北省丰润经济开发区管理委员会	轨道交通装备产业
4	河北省临西轴承工业园区管理委员会	轴承产业
5	辽宁省营口老边区汽保工业园区管理委员会	汽保设备产业
6	辽宁省海城市西柳市场建设管理委员会	北派服饰产业
7	辽宁省东港市经济和信息化局	运动户外服装产业
8	吉林省辽源经济开发区管理委员会	袜业
9	江苏省高邮高新技术产业开发区管理委员会	道路照明灯具产业
10	江苏省昆山市周市镇人民政府	智能装备制造产业
11	江苏省盐城环保科技城管理委员会	烟气治理及其他节能环保产业
12	江苏省连云港市经济和信息化委员会	医药产业
13	江苏省徐州高新技术产业开发区管理委员会	安全产业
14	福建省南安市经济和信息化局	水暖厨卫产业
15	江西省樟树市民营企业局	金属家具产业
16	江西省吉安市新干县工业和信息化委员会	箱包皮具产业
17	江西省广昌县工业和信息化委员会	白莲产业
18	江西省萍乡市湘东产业园管理委员会	工业陶瓷产业
19	山东省济宁市兖州区经济和信息化局	农机产业
20	山东省龙口市经济和信息化局	交通铝材加工及应用产业
21	山东省济宁市汶上县经济和信息化局	休闲服装产业
22	河南省新野县产业集聚区管理委员会	棉纺织产业
23	湖北省武汉食品工业加工区管理委员会	休闲食品产业

续表

序号	申报单位	主导产业
24	湖南省株洲市石峰区经济和信息化局	轨道交通装备产业
25	湖南省岳阳市经济和信息化委员会	电磁装备制造产业
26	广东省佛山市南海区经济和科技促进局（经贸）	汽车产业
27	广东省珠海市斗门区科技和工业信息化局	电子信息产业
28	四川省成都高新区经济运行与安全生产监管局	软件和信息技术服务业
29	贵州省福泉经济开发区管理委员会	磷及磷化工循环产业
30	大连高新技术产业园区管理委员会	工业软件产业
31	宁波市经济和信息化委员会	文具产业
32	宁波市海曙区经济和信息化局	时尚纺织服装产业
33	青岛市胶州市科技和工业信息化局	电力装备产业
34	深圳市经济贸易和信息化委员会	眼镜产业

附录6　首批产业集群区域品牌建设示范区名单

（工信部科函〔2016〕420号）

序号	组织实施单位	区域品牌
1	深圳市内衣协会	深圳内衣
2	随州市经济和信息化委员会	随州专用汽车
3	中山市古镇镇人民政府	古镇灯饰
4	四平市人民政府	四平换热器
5	温岭市人民政府	温岭机床工具
6	东莞市清溪镇人民政府	清溪光电通信

Ⅱ. 农业农村部等部推进“农产品区域公用品牌”和“优势特色产业集群”建设的相关措施与成果

附录7　中国农产品区域公用品牌建设指南

一、基本要素

（一）主体条件

农产品区域公用品牌所有者应为在中国境内依法登记设立的法人或其他组织，依法依规生产经营。中国农产品区域公用品牌，须制定并严格实施品牌授权管理办法，注重生态环境保护，传承区域人文历史和农耕文化。

（二）品牌条件

在一个具有特定自然生态环境、历史人文因素的区域内，由相关组织所有，由若干农业生产经营者共同使用的农产品品牌。该类品牌由“产地名+产品名”构成，原则上产地应为县级或地市级，并有明确生产区域范围。授权核心企业（或合作社）中须至少有一家已经获得省级或省级以上龙头企业（或合作社示范社）称号；具有完整的区域公用品牌视觉形象识别系统、营销推广行动和监管保护措施。

（三）产品条件

授权使用的核心企业产品须获得绿色食品、有机产品或良好农业规范（GAP）认证之一，且具有连续三年（含）以上的市场交易行为。可通过二维码等包装信息进行质量安全追溯。

二、发展要素

（一）区域条件

1. 资源条件适宜。品牌所在区域具有优良的土地、水、气候等自然资源禀赋，适宜区域公用品牌主导产品的生产。品牌所在区域交通条件便利，或属于“一带一路”发展区域，具备明显的区位优势。

2. 产业特色明显。产业规模在全国具有领先优势，一般为本地区农业支柱产业。实行差异化战略，能够为消费者提供差异化产品。

3. 核心企业规模效益突出。品牌所在区域核心企业经济和社会效益突出，树立了良好的信誉和形象。

4. 社会化服务体系健全。品牌所在行业产前、产中、产后服务完善，建立了覆盖种子种苗供应、技术服务、仓储物流、品牌营销等关键环节的社会化服务体系。

5. 入选重大项目。品牌所在区域被推选为中国特色农产品优势区、粮食生产功能区、重要农产品生产保护区、国家现代农业示范区等。

（二）质量水平

6. 标准化水平较高。品牌所在区域实行统一的标准化生产流程，品牌使用主体生产全过程得到统一的生产指导服务。品牌所在区域纳入省级或省级以上农业标准化示范区。

7. 注重绿色生产。品牌使用主体积极采取绿色循环优质高效生产方式，注重资源循环利用和可持续发展。品牌产品获得地理标志登记，通过绿色食品、有机产品或良好农业规范（GAP）认证之一，且在有效期内。

8. 质量管理规范。强化全程质量管控，建立农产品质量安全追溯体系，已纳入国家级农产品质量安全追溯管理信息平台，通过相关质量管理体系认证。

9. 质量安全保证。制定并严格执行农业投入品购进、使用、保管登记制度，并定期进行投入品抽查与检测。定期进行产品质量安全抽检，产品检测档案和通报制度完备。

（三）品牌建设

10. 制定品牌规划。制定品牌发展规划，获得政府专项经费支持或自主设立专项经费用于品牌建设。地方政府重视区域品牌建设，将区域公用品牌建设纳入当地国民经济和社会发展规划，围绕品牌建设出台土地、金融、税收、物流、冷链等扶持政策。

11. 管理规范、有效。具有品牌管理机构和运营团队，建立品牌管控制度体系，拥有科学、规范的品牌授权管理办法，并有效授权。制定品牌培育计划，建立规范的培训机制，强化品牌保护意识，建立品牌危机管理体系，主动打击商标侵权行为。

12. 塑造品牌形象。具有特色鲜明的品牌名称、标识、宣传用语、品牌故事等，具备良好品牌口碑，成为区域内重要品牌标签。

13. 开展营销活动。制订营销方案，综合运用传统媒体和新媒体推介品牌，组织形式多样的营销活动，包括举办或参加品牌推介会、展会、论坛或大型特色节事活动等，积极利用电子商务等开展网络营销。

14. 传承农耕文化。深刻挖掘地域文化，通过建立品牌博物馆、展览馆、体验馆等，形成独特的品牌文化，以此传承区域人文历史和农耕文化。

（四）品牌影响

15. 市场开拓有力。品牌产品具有连续三年（含）以上的市场交易行为，在全国范围内具有较高的市场占有率。品牌产品积极开拓海外市场，参加国外农产品展示展销等活动，产品出口到海外。

16. 品牌知名度高。品牌在全国范围内具有一定的知名度，品牌产品销售范围覆盖国内主要城市。

17. 品牌美誉度高。品牌或品牌主导产品获得省部级授予的农业品牌称号或其他示范称号，或获得国际相关奖项等。品牌来自全球和中国重要农业文化遗产所在地。

18. 开展消费者满意度调查。定期开展消费者满意度调查，满意度较高，拥有完善的售后服务体系，近三年无投诉。

（五）品牌创新

19. 注重机制创新。建立产学研一体化机制，与高校、科研院所等外部优势资源建立稳定的合作关系，共同开展品牌创新。

20. 强化科技创新。近三年投入一定规模的研发经费，积极开展新品种与新技术研发和推广应用，拥有相关的发明或专利技术，参与各级标准制定。

21. 增强组织创新。成立品牌行业协会、商会等组织，拥有一定比例的从事产品研发和品牌发展创新工作的科技人员，拥有一定水准的研发中心、技术中心、检测中心或实验室。

22. 创新成效显著。品牌主体获得科学技术进步奖、中国质量奖等奖项，授权企业获得高新技术企业、知识产权示范企业荣誉称号，在运用物联网、大数据、云计算等现代信息技术方面成效明显。

（六）品牌责任

23. 履行经济责任。其产业产值占当地农业总产值的比重较高。品牌溢价性对生产经营主体具有较强的引领作用，该产业内人均收入高于当地农民人均收入水平。

24. 注重生态保护。品牌主体注重生态保护，积极开展环境保护活动，品牌所在区域被纳入生态原产地产品保护示范区。

25. 履行社会责任。品牌主体积极参与社会公益、慈善活动，坚持品牌对产业的带动作用，以产业发展所带来的福利为地方百姓改善生产生活条件，实现品牌强农。

26. 助推乡村振兴。推动一、二、三产业融合发展，构建乡村产业体系，推动地方经济全面发展，成为实施乡村振兴的新动能。

中国农产品市场协会
2019 年 8 月 2 日

附录 8 中国农业品牌目录 2019 农产品区域公用品牌

序号	申报单位	申报品牌
果 品（81 个）		
1	北京市平谷区人民政府果品办公室	平谷大桃
2	北京市大兴区西甜瓜产销协会	大兴西瓜
3	天津市滨海新区葡萄种植业协会	茶淀玫瑰香葡萄
4	河北省张家口市宣化区葡萄研究所	宣化牛奶葡萄
5	山西省隰县果业局	隰县玉露香梨
6	山西省夏县夏乐精品瓜业协会	夏县西瓜
7	山西省临猗县临晋镇人民政府	临猗县临晋江石榴
8	内蒙古自治区乌海市植保植检站	乌海葡萄
9	辽宁省鞍山市南果梨协会	鞍山南果梨
10	辽宁省大连市现代农业生产发展服务中心	大连大樱桃
11	辽宁省庄河市农业发展服务中心	庄河蓝莓
12	辽宁省葫芦岛市农业发展服务中心	葫芦岛苹果
13	辽宁省大连市现代农业生产发展服务中心	大连苹果
14	辽宁省北镇市农业农村局	北镇葡萄
15	辽宁省东港市草莓协会	东港草莓
16	黑龙江省伊春市绿色食品协会	伊春蓝莓
17	上海市嘉定区马陆镇农业服务中心	马陆葡萄
18	上海市浦东新区农业技术推广中心	南汇水蜜桃
19	江苏省句容市茅山镇人民政府	丁庄葡萄
20	江苏省东台市西瓜产销协会	东台西瓜
21	浙江省象山县柑橘产业联盟	象山柑橘
22	浙江省衢州市柑桔产业协会	衢州椪柑
23	浙江省常山县胡柚产销行业协会	常山胡柚
24	浙江省慈溪市林特技术推广中心	慈溪杨梅
25	安徽省长丰县草莓协会	长丰草莓
26	安徽省怀远县石榴协会	怀远石榴

续表

序号	申报单位	申报品牌
27	福建省永春县柑桔同业公会	永春芦柑
28	福建省福清市一都镇农业服务中心	一都枇杷
29	江西省赣州市赣南脐橙协会	赣南脐橙
30	山东省肥城市肥城桃产业协会	肥城桃
31	山东省昌乐县瓜菜协会	昌乐西瓜
32	山东省烟台市苹果协会	烟台苹果
33	山东省烟台市大樱桃协会	烟台大樱桃
34	河南省灵宝市果品产业协会	灵宝苹果
35	河南省兰考县农产品质量安全检测中心	兰考蜜瓜
36	河南省西峡县猕猴桃生产办公室	西峡猕猴桃
37	湖北省宜昌市柑桔产业协会	宜昌蜜桔
38	湖北省秭归县柑橘协会	秭归脐橙
39	湖南省洞口县雪峰蜜桔协会	洞口雪峰蜜桔
40	湖南省石门县柑橘协会	石门柑橘
41	湖南省炎陵县炎陵黄桃产业协会	炎陵黄桃
42	广东省德庆县农业技术推广中心	德庆贡柑
43	广东省惠阳区农业农村局	镇隆荔枝
44	广东省梅县区农业农村局	梅县金柚
45	广东省始兴县农业农村局	始兴杨梅
46	广西壮族自治区百色市发展水果生产办公室	百色芒果
47	广西壮族自治区南宁市水果生产技术指导站	南宁香蕉
48	广西壮族自治区平南县农业技术推广中心	平南石硖龙眼
49	广西壮族自治区融安县水果生产技术指导站	融安金桔
50	广西壮族自治区灵山县龙武香荔桂味荔枝协会	灵山荔枝
51	广西壮族自治区富川县水果生产办公室	富川脐橙
52	广西壮族自治区阳朔县农业技术推广中心	阳朔金桔
53	海南省三亚市芒果协会	三亚芒果

续表

序号	申报单位	申报品牌
54	海南省澄迈福橙产销协会	澄迈福橙
55	海南省三亚市农业农村局	三亚甜瓜
56	重庆市忠县果业发展中心	忠县柑橘
57	重庆市梁平区农业技术服务中心	梁平柚
58	重庆市巫山县果品产业发展中心	巫山脆李
59	重庆市黔江区农产品质量安全管理站	黔江猕猴桃
60	四川省安岳县柠檬产业局	安岳柠檬
61	四川省苍溪县猕猴桃产业发展局	苍溪红心猕猴桃
62	四川省都江堰市猕猴桃协会	都江堰猕猴桃
63	四川省丹棱县农业农村局多经站	丹棱桔橙
64	贵州省安顺市镇宁县植保质检站	镇宁蜂糖李
65	云南省华坪县人民政府	华坪芒果
66	云南省宾川县农副产品营销服务中心	宾川红提葡萄
67	云南省昭通市苹果产业发展协会	昭通苹果
68	云南省华宁县柑橘产业发展办公室	华宁柑橘
69	陕西省眉县果业局	眉县猕猴桃
70	陕西省洛川县苹果产业协会	洛川苹果
71	陕西省大荔县果业发展中心	大荔冬枣
72	陕西省白水县苹果产品发展中心	白水苹果
73	陕西省凤翔县农产品质量安全检验检测站	凤翔苹果
74	陕西省西安市鄠邑区农业技术推广中心	户县葡萄
75	陕西省铜川市果业发展中心	铜川苹果
76	陕西省蒲城县果业管理局	蒲城酥梨
77	陕西省铜川市果业发展中心	铜川大樱桃
78	甘肃省庆阳市果业发展中心	庆阳苹果
79	宁夏回族自治区中卫市苹果产业协会	沙坡头苹果
80	宁夏回族自治区中卫市农业技术推广与培训中心	中卫硒砂瓜

续表

序号	申报单位	申报品牌
81	新疆维吾尔自治区巴音郭楞蒙古自治州库尔勒香梨协会	库尔勒香梨
	蔬　菜（31 个）	
1	天津市西青区辛口镇沙窝萝卜产销协会	沙窝萝卜
2	河北省玉田县农业技术推广中心	玉田包尖白菜
3	山西省大同市云州区黄花菜合作协会	大同黄花
4	黑龙江省梅里斯达斡尔族区人民政府	梅里斯大八旗洋葱
5	江苏省靖江市香沙芋产销协会	靖江香沙芋
6	浙江省余姚市榨菜协会	余姚榨菜
7	福建省建宁县建莲产业协会	建宁通心白莲
8	山东省金乡县大蒜种植协会	金乡大蒜
9	山东省济南市莱芜区生姜加工协会	莱芜生姜
10	山东省济南市章丘区大葱产业协会	章丘大葱
11	山东省曹县芦笋协会	曹县芦笋
12	山东省寿光蔬菜瓜果产业协会	寿光桂河芹菜
13	山东省昌邑市大姜协会	昌邑大姜
14	山东省兰陵县农业科学研究所	苍山大蒜
15	河南省温县四大怀药协会	温县铁棍山药
16	河南省汝阳县农产品质量安全检测站	汝阳红薯
17	河南省杞县农业产业化办公室	杞县大蒜
18	河南省柘城县农业农村局	柘城辣椒
19	湖南省华容县蔬菜产业服务中心	华容芥菜
20	湖南省汝城县农业综合服务中心	汝城朝天椒
21	广东省增城区农业农村局	增城迟菜心
22	广东省新丰县农业农村局	新丰佛手瓜
23	广西壮族自治区荔浦市农业农村局	荔浦芋
24	海南省澄迈县桥头地瓜产销协会	澄迈桥头地瓜
25	重庆市涪陵区榨菜管理办公室	涪陵青菜头

续表

序号	申报单位	申报品牌
26	四川省绵阳市安州区经济作物站	安州魔芋
27	四川省遂宁市安居区五二四红苕专业技术协会	安居红苕
28	贵州省安顺市普定县人民政府	白旗韭黄
29	云南省罗平县生姜技术推广站	罗平小黄姜
30	甘肃省兰州农产品产销协会	榆中大白菜
31	青海省循化线辣椒协会	循化线辣椒
粮　食（46个）		
1	天津市津南区农业技术推广服务中心	小站稻
2	河北省卢龙县农业农村局	卢龙孤竹小金米
3	山西省忻府区农业产业化协会	忻州糯玉米
4	山西省岚县农业技术站	岚县马铃薯
5	山西省沁县农业技术推广中心	沁州黄小米
6	内蒙古自治区兴安盟农牧业产业化龙头企业协会	兴安盟大米
7	内蒙古自治区赤峰市农畜产品质量安全监督站	赤峰小米
8	内蒙古自治区敖汉旗农业遗产保护中心	敖汉小米
9	内蒙古自治区乌兰察布市农畜产品质量安全监督管理中心	乌兰察布马铃薯
10	辽宁省盘锦市大米协会	盘锦大米
11	吉林省九台区农业农村局	九台贡米
12	吉林省榆树市人民政府	榆树大米
13	吉林省梅河大米协会	梅河大米
14	吉林省舒兰市大米协会	舒兰大米
15	黑龙江省庆安县人民政府	庆安大米
16	黑龙江省方正大米协会	方正大米
17	黑龙江省桦南县优质农产品协会	桦南大米
18	黑龙江省绥化市绿色食品发展中心	绥化鲜食玉米
19	黑龙江省肇州县老街基特色杂粮协会	肇州糯玉米

续表

序号	申报单位	申报品牌
20	黑龙江省五常市大米协会	五常大米
21	黑龙江省宁安市人民政府国家地理标志保护产品管理办公室	响水大米
22	黑龙江省海伦市农业产业化协会	海伦大豆
23	黑龙江省农垦九三管理局	九三大豆
24	上海崇明大米产业协会	崇明大米
25	上海市松江区农业农村委员会	松江大米
26	江苏省射阳县大米协会	射阳大米
27	江西省宜春市袁州区农业农村局	宜春大米
28	江西省万年县农业农村局	万年贡米
29	江西省永修县经济作物生产技术指导站	永修香米
30	山东省滕州市种子管理站	滕州马铃薯
31	河南省新乡市种子管理站	新乡小麦
32	河南省永城市现代农业发展促进会	永城富硒小麦粉
33	湖南省常德市粮食行业协会	常德香米
34	广东省台山市粮食行业协会	台山大米
35	广东省恩平市农业农村局	恩平大米
36	四川省广元市昭化区农业技术推广中心	昭化王家贡米
37	贵州省兴仁县薏仁专业协会	兴仁薏仁米
38	贵州省从江县农产品质量安全监管检测站	从江香禾糯
39	云南省墨江哈尼族自治县农业农村和科学技术局	墨江紫米
40	甘肃省定西市安定区马铃薯经销协会	定西马铃薯
41	青海省农产品流通促进会	兴海青稞
42	宁夏优质稻米产业化协会	宁夏大米
43	宁夏回族自治区西吉县马铃薯产业服务中心	西吉马铃薯
44	新疆维吾尔自治区察布查尔锡伯自治县有机农产品协会	察布查尔大米
45	新疆维吾尔自治区奇台县农业技术推广中心	奇台面粉

续表

序号	申报单位	申报品牌
46	新疆维吾尔自治区木垒哈萨克自治县农业农村局	木垒鹰嘴豆
	油　料（8个）	
1	内蒙古自治区巴彦淖尔市绿色食品发展中心	河套向日葵
2	河南省驻马店市正阳县农产品质量安全检测站	正阳花生
3	河南省驻马店市平舆县农产品质量安全检测站	平舆白芝麻
4	湖南省邵阳县油茶产业发展办公室	邵阳茶油
5	广东省龙川县农业农村局	龙川山茶油
6	重庆市酉阳土家族苗族自治县农产品质量安全监督管理站	酉阳茶油
7	甘肃省会宁县电子商务协会	会宁胡麻油
8	青海省门源县农业技术推广中心	门源小油菜籽
	畜　禽（30个）	
1	北京市畜牧总站	北京鸭
2	内蒙古自治区鄂托克旗农牧业产业化综合服务中心	鄂托克阿尔巴斯绒山羊
3	内蒙古自治区呼伦贝尔市农牧业产业化协会	呼伦贝尔草原羊肉
4	内蒙古自治区锡林郭勒盟肉类协会	锡林郭勒羊肉
5	内蒙古自治区包头市达茂联合旗肉食品行业协会	达茂草原羊
6	内蒙古自治区通辽市农畜产品质量安全中心	科尔沁牛
7	吉林省长春市双阳区鹿乡镇人民政府	双阳梅花鹿
8	吉林省乾安县农业农村局	乾安肉羊
9	吉林省桦甸市农业农村局	桦甸黄牛
10	江苏省海门市畜牧兽医站	海门山羊
11	江苏省如东县狼山鸡协会	如东狼山鸡
12	江西省宁都县畜牧兽医局	宁都黄鸡
13	山东省汶上县芦花鸡协会	汶上芦花鸡
14	河南省驻马店市泌阳县夏南牛研究推广中心	泌阳夏南牛

续表

序号	申报单位	申报品牌
15	河南省郏县红牛养殖协会	郏县红牛
16	湖北省黄冈市人民政府	大别山黑山羊
17	湖南省临武县临武鸭产业协会	临武鸭
18	重庆市丰都县肉牛协会	丰都牛肉
19	重庆市荣昌区农产品质量安全检验检测站	荣昌猪
20	重庆市城口县农业畜牧技术推广中心	城口山地鸡
21	四川省巴中市南江黄羊科学研究所	南江黄羊
22	云南省腾冲市畜牧工作站	槟榔江水牛
23	西藏亚东县农业农村局	帕里牦牛
24	陕西省富平县畜牧发展中心	富平奶山羊
25	甘肃省山丹羊产业开发办公室	山丹羊肉
26	甘肃省天祝县农产品质量安全检测站	天祝白牦牛
27	青海省大通县农产品质量安全检验检测站	大通牦牛
28	青海省互助县畜牧兽医站	互助八眉猪
29	宁夏回族自治区盐池县滩羊肉产品质量监督检验站	盐池滩羊肉
30	宁夏回族自治区固原市畜牧推广服务中心	固原黄牛
	水　产（21个）	
1	天津市宝坻区泥鳅养殖业协会	宝坻黄板泥鳅
2	辽宁省大连市海洋渔业协会	大连海参
3	辽宁省渔业协会	辽参
4	吉林省前郭尔罗斯蒙古族自治县农业农村局	查干湖淡水鱼
5	黑龙江省杜尔伯特蒙古族自治县渔业协会	连环湖鳙鱼
6	江苏省洪泽湖渔业协会	洪泽湖大闸蟹
7	江苏省盱眙龙虾协会	盱眙龙虾
8	江苏省溧阳市青虾养殖协会	溧阳青虾
9	江苏省常州市金坛区水产技术指导站	长荡湖大闸蟹
10	安徽省五河县螃蟹协会	五河螃蟹

续表

序号	申报单位	申报品牌
11	山东省威海市海参产业协会	威海刺参
12	河南省郑州市渔业协会	郑州黄河鲤鱼
13	湖北省潜江龙虾产业发展促进会	潜江龙虾
14	湖北省荆州市荆州鱼糕加工产业协会	荆州鱼糕
15	湖北省洪湖市水生蔬菜产业开发研究会	洪湖莲藕
16	湖南省南县小龙虾协会	南县小龙虾
17	广东省珠海市斗门区人民政府	斗门白蕉海鲈
18	广东省茂名市农业农村局	茂名罗非鱼
19	广西壮族自治区钦州市水产技术推广站	钦州大蚝
20	西藏亚东县农业农村局	亚东鲑鱼
21	青海省循化撒拉自治县农业农村和科技局	黄河循鳟
	茶　叶（33个）	
1	江苏省宜兴市茶叶协会	宜兴红茶
2	江苏省苏州市吴中区洞庭山碧螺春茶业协会	洞庭山碧螺春
3	浙江省泰顺县茶业协会	泰顺三杯香茶
4	浙江省宁海县茶业协会	望海茶
5	浙江省淳安县茶叶行业协会	千岛湖茶
6	浙江省安吉县农业农村局茶叶站	安吉白茶
7	安徽省裕安区茶叶协会	六安瓜片
8	安徽省黄山区茶业协会	太平猴魁
9	安徽省巢湖坝镇都督山茶叶产业协会	都督翠茗
10	安徽省石台县硒产业协会	石台硒茶
11	安徽省滁州市南谯区滁菊协会	滁州滁菊
12	福建省福安市茶业协会	坦洋工夫
13	福建省武夷山市茶叶科学研究所	武夷山大红袍
14	福建省福州市园艺学会	福州茉莉花茶
15	江西省婺源县茶业协会	婺源绿茶
16	江西省九江市茶叶产业协会	庐山云雾茶

续表

序号	申报单位	申报品牌
17	江西省靖安县白茶协会	靖安白茶
18	江西省浮梁县茶叶协会	浮梁茶
19	山东省泰安市泰山茶叶协会	泰山茶
20	山东省日照市茶叶技术推广中心	日照绿茶
21	河南省信阳市茶叶协会	信阳毛尖
22	湖北省武当道茶产业协会	武当道茶
23	湖北省恩施州茶产业协会	恩施硒茶
24	湖北省襄阳市茶叶协会	襄阳高香茶
25	湖南省安化县茶旅产业发展服务中心	安化黑茶
26	湖南省岳阳市茶叶产业化领导小组办公室	岳阳黄茶
27	广东省英德市农业农村局	英德红茶
28	广西壮族自治区横县茉莉花产业服务中心	横县茉莉花茶
29	重庆市永川区茶叶行业协会	永川秀芽
30	四川省筠连县农业农村局茶叶技术推广站	筠连红茶
31	贵州省湄潭县茶叶协会	湄潭翠芽
32	云南省临沧市农业农村局	临沧普洱茶
33	陕西省安康市茶业协会	安康富硒茶
林　特（16个）		
1	北京市怀柔区农业发展促进会	怀柔板栗
2	河北省易县柿子产业协会	易县磨盘柿
3	山西省稷山县枣业发展服务中心	稷山板枣
4	辽宁省铁岭市现代农业服务中心	铁岭榛子
5	福建省建瓯市锥栗协会	建瓯锥栗
6	福建省南平市延平区林木种苗站	延平百合
7	江西省乐安县竹笋加工协会	乐安竹笋
8	江西省宜丰县绿色食品发展办公室	宜丰蜂蜜
9	海南省文昌市农业农村局	文昌椰子
10	云南省江城县农业技术推广中心	江城坚果

续表

序号	申报单位	申报品牌
11	云南省德宏州农业农村局	德宏小粒咖啡
12	甘肃省永登县玫瑰协会	苦水玫瑰
13	宁夏回族自治区灵武长枣协会	灵武长枣
14	新疆维吾尔自治区特克斯县农业农村局产业化科	特克斯山花蜜
15	新疆维吾尔自治区阿克苏地区实验林场	阿克苏红枣
16	新疆生产建设兵团和田玉枣产业协会	和田玉枣
食用菌（10个）		
1	河北省平泉市食用菌行业协会	平泉香菇
2	吉林省汪清县乡镇企业暨农产品加工企业协会	汪清黑木耳
3	吉林省蛟河市黄松甸食（药）用菌协会	黄松甸黑木耳
4	黑龙江省东宁市食用菌协会	东宁黑木耳
5	福建省顺昌县食用菌竹笋开发办公室	顺昌海鲜菇
6	山东省邹城市食用菌产业发展中心	邹城蘑菇
7	湖北省随州市食用菌协会	随州香菇
8	四川省通江银耳协会	通江银耳
9	四川省青川县农业产业发展中心	青川黑木耳
10	陕西省商洛市农技推广站	商洛香菇
中药材（18个）		
1	河北省巨鹿县林业局	巨鹿金银花
2	山西省屯留县民康中药材专业技术协会	上党党参
3	吉林省抚松县人参产业发展中心	抚松人参
4	浙江省乐清市铁皮石斛产业协会	雁荡山铁皮石斛
5	安徽省天长市桐城芡实协会	天长龙岗芡实
6	安徽省霍山县霍山石斛产业协会	霍山石斛
7	河南省济源市人民政府	济源冬凌草
8	湖北省蕲春县蕲艾产业协会	蕲春蕲艾
9	广东省化州市农业农村局	化州橘红

续表

序号	申报单位	申报品牌
10	广西壮族自治区永福县名特优农产品协会	永福罗汉果
11	贵州省赤水市现代高效农业园区管理委员会	赤水金钗石斛
12	贵州省安龙县植保植检站	安龙白及
13	云南省文山州三七中医药发展中心	文山三七
14	甘肃省瓜州县农业农村局	瓜州枸杞
15	甘肃省文县中药材产业开发服务中心	文县纹党参
16	青海省海西州农牧局	柴达木枸杞
17	宁夏回族自治区中宁县枸杞产业发展服务中心	中宁枸杞
18	新疆精河县枸杞协会	精河枸杞
	其　他（6个）	
1	江西省乐平市名口镇流芳区域资源研究社	流芳茅蔗糖
2	广东省江门市新会区新会陈皮行业协会	新会陈皮
3	重庆市江津区农产品质量安全中心	江津花椒
4	甘肃省张掖市种子行业协会	张掖种子玉米
5	新疆维吾尔自治区霍城县农业技术推广站	霍城薰衣草
6	新疆维吾尔自治区岳普湖县农业农村局	岳普湖小茴香

附录9　2020年优势特色产业集群建设名单

1	北京设施蔬菜产业集群
2	天津都市型奶业产业集群
3	河北越夏食用菌产业集群
4	河北鸭梨产业集群
5	山西旱作高粱产业集群
6	内蒙古河套向日葵产业集群
7	内蒙古草原肉羊产业集群
8	辽宁小粒花生产业集群
9	辽宁白羽肉鸡产业集群

续表

10	吉林长白山人参产业集群
11	黑龙江食用菌产业集群
12	黑龙江雪花肉牛产业集群
13	上海都市蔬菜产业集群
14	江苏中晚熟大蒜产业集群
15	浙江浙南早茶产业集群
16	安徽徽茶产业集群
17	安徽酥梨产业集群
18	福建武夷岩茶产业集群
19	江西鄱阳湖小龙虾产业集群
20	山东烟台苹果产业集群
21	山东寿光蔬菜产业集群
22	河南伏牛山香菇产业集群
23	河南豫西南肉牛产业集群
24	湖北三峡蜜橘产业集群
25	湖北小龙虾产业集群
26	湖南早中熟柑橘产业集群
27	湖南湘猪产业集群
28	广东南粤黄羽鸡产业集群
29	广东金柚产业集群
30	广西三黄鸡产业集群
31	广西罗汉果产业集群
32	海南天然橡胶产业集群
33	重庆柠檬产业集群
34	重庆荣昌猪产业集群
35	四川川猪产业集群
36	四川晚熟柑橘产业集群
37	贵州朝天椒产业集群
38	云南花卉产业集群

续表

39	云南高原蔬菜产业集群
40	西藏青稞产业集群
41	陕西黄土高原苹果产业集群
42	陕西关中奶山羊产业集群
43	甘肃甘味肉羊产业集群
44	青海牦牛产业集群
45	宁夏六盘山肉牛产业集群
46	新疆库尔勒香梨产业集群
47	新疆薄皮核桃产业集群
48	新疆生产建设兵团红枣产业集群
49	北大荒蔬菜产业集群
50	广东农垦生猪产业集群